ABITUR 2016

Original-Prüfungsaufgaben mit Lösungen

Spanisch

Gymnasium Baden-Württemberg

2014–2015

STARK

8. ergänzte Auflage
www.stark-verlag.de

Inhalt

Jeweils zu Beginn des neuen Schuljahres erscheinen die
neuen Ausgaben der Abitur-Prüfungsaufgaben mit Lösungen.

Vorwort

Liebe Abiturientinnen und Abiturienten,

dieser Band hilft Ihnen dabei, sich gezielt auf die schriftliche **Abiturprüfung im Fach Spanisch in Baden-Württemberg** vorzubereiten.

Er enthält die **Original-Prüfungen der Jahrgänge 2014 und 2015** sowie eine Sammlung von **Übungsaufgaben im Stil des Abiturs**. In diesen Übungsaufgaben können Sie die im Abitur gestellten Aufgabentypen trainieren: geschlossene und halboffene Aufgabenformate im Bereich des Leseverstehens (Multiple-Choice, Falsch-Richtig, Kurzantworten etc.) sowie Mediation und vergleichende Aufgaben im Bereich der Analyse. Thematischer Rahmen für die literarischen Texte in den Übungsaufgaben ist der Schwerpunkt „Vivir en tiempos difíciles“.

Die **ausführlichen Lösungsvorschläge** zu allen Prüfungs- und Übungsaufgaben sind als Angebot und Orientierung gedacht, ersetzen aber nicht die eigene, selbstständige Beschäftigung und Durchdringung der Aufgaben und Inhalte. Vor den Lösungsvorschlägen finden Sie wertvolle **Hinweise**, die Ihnen bei der Erschließung der einzelnen Arbeitsanweisungen helfen.

Außerdem ist zu beachten, dass die Lösungsvorschläge zu Trainingszwecken möglichst breit angelegt sind und nur **eine** mögliche Aufgabenlösung darstellen. Es sei ausdrücklich darauf hingewiesen, dass auch andere Lösungsmöglichkeiten zulässig sind, soweit sie der Aufgabenstellung entsprechen und sachlich richtig sind.

Sollten nach Erscheinen dieses Bandes vom Kultusministerium Baden-Württemberg noch wichtige Änderungen in der Abitur-Prüfung 2016 bekannt gegeben werden, finden Sie aktuelle Informationen dazu im Internet unter:
www.stark-verlag.de/pruefung-aktuell

Die Autoren wünschen Ihnen viel Erfolg bei Ihrer Abiturprüfung!

Autoren: Christine Baar-Hamidi (Hinweise und Tipps; Lösungen zu den Original-Prüfungsaufgaben) und Silvia Vega Ordóñez (Übungsaufgaben)

Stichwortverzeichnis

Palabras clave

Personas

Obras literarias

Hinweise und Tipps zur schriftlichen Abiturprüfung in Spanisch

1 Arbeitsbereiche und literarisches Schwerpunktthema

Interkulturelles Wissen

- Kenntnis der wesentlichen gesellschaftlichen, wirtschaftlichen, politischen und kulturellen Verhältnisse in Spanien und Hispano-Amerika und ggf. deren historische Ursachen
- Die Rolle Spaniens im vereinten Europa und seine Beziehungen zu Deutschland
- Mindestens eine Region Spaniens und ein hispanoamerikanisches Land
- Die wichtigsten Unterschiede zwischen dem europäischen und dem amerikanischen Spanisch

Literatur

- Schwerpunktthema: **Vivir en tiempos difíciles**
- Pflichtlektüre (7 Erzählungen):

  - Manuel Rivas: *La lengua de las mariposas*
  - Ramiro Pinilla: *Coro*
  - Ana María Matute: *El hermoso amanecer*
  - José María Merino: *El desertor*
  - José Jiménez Lozano: *La purificación*
  - Francisco García Pavón: *El mundo transparente*
  - Elena Pita: *Terciopelo robado*

- Kenntnis mindestens eines umfangreicheren Werkes der spanischen oder hispanoamerikanischen Literatur sowie Vertrautheit mit weiteren Formen des literarischen oder künstlerischen Schaffens aus Spanien und Hispano-Amerika

2 Die schriftliche Abiturprüfung

Die schriftliche Abiturprüfung im Fach Spanisch besteht aus einem schriftlichen und einem mündlichen Teil (die sog. Kommunikationsprüfung).

2.1 Der schriftliche Prüfungsteil

Zur Bearbeitung der Aufgaben haben Sie 180 Minuten Zeit (einschließlich der Auswahlzeit). Die dabei erlaubten Hilfsmittel sind ein **einsprachiges Wörterbuch** sowie Nachschlagewerke zur **deutschen Rechtschreibung**.

Der schriftliche Prüfungsteil setzt sich aus den Anforderungsbereichen **Textverständnis** (Teil I) und **Textproduktion** (Teil II) zusammen. Teil II umfasst eine Aufgabe zur **Reorganisation oder Analyse** sowie einen **Kommentar oder eine gestaltende Interpretation:**

Teil I: Textverständnis *(comprensión de texto)*: Bearbeitung obligatorisch
Teil II.1: Reorganisation oder Analyse *(análisis)*: Bearbeitung obligatorisch
Teil II.2: Kommentar oder gestaltende Interpretation *(redacción)*: Wahl zwischen zwei Aufgaben

► **Anforderungsbereich I: Textverständnis**

Als Grundlage dient ein **unbekannter** Text aus dem Bereich des Schwerpunktthemas, z. B. ein literarischer Text von einem der Autoren aus den Pflichtlektüren oder ein Sachtext zu einem Themenbereich des Schwerpunktthemas. Der Text stammt **nicht** aus einer der Pflichtlektüren selbst. In der Regel begegnen Ihnen hier Aufgabentypen wie **Multiple-Choice-Aufgaben**, **Falsch/Richtig-Aufgaben**, **Zuordungsaufgaben** oder **Ergänzungsaufgaben** bzw. **Kurzantworten**. In diesem Anforderungsbereich werden für Ihre Lösungen keine sprachlichen Punkte vergeben, sie müssen dennoch klar verständlich formuliert sein.

Operatoren (Arbeitsanweisungen) im Bereich „Textverständnis“:

Operator	Beispiel
citar	*Cite los correspondientes pasajes del texto.*
combinar	*Combine las frases con los personajes que las expresan.*
completar	*Complete las frases de manera corta y precisa.*
escribir el número	*Ordene las frases según la cronología del texto escribiendo los números de 1 a 8.*
marcar con una cruz y justificar	*Marque con una cruz (✗) la respuesta correcta. Justifique su decisión dando la línea del texto.*
indicar	*Indique las citas del texto para comprobar las siguientes afirmaciones.*

Ihre Antworten müssen Sie im Regelfall mit einem Textverweis belegen. Dafür geben Sie je die drei ersten und letzten Wörter des Zitats zusammen mit der Textzeile an.

▶ Anforderungsbereich II.1: Reorganisation oder Analyse

Als Textgrundlage dient in der Regel der Text aus dem Bereich „Textverständnis“, Ihnen können aber ggf. weitere **spanische oder deutsche Texte** sowie **Bildmaterial** wie Karikaturen, Skizzen, Karten, Statistiken etc. vorgelegt werden.
Dieser Anforderungsbereich umfasst das verknüpfende bzw. vergleichende Verarbeiten und Darstellen bekannter bzw. der in den Textvorlagen präsentierten Sachverhalte. Sie sind dazu aufgefordert, den **Text zu durchleuchten und zu analysieren**. Dabei sollen Sie im Unterricht erworbene fachliche und methodische Kenntnisse nachweisen. Es gilt, einen möglichst **nüchternen Stil** zu verwenden. Darüber hinaus wird von Ihnen erwartet, dass Sie **logisch und stringent** argumentieren und Ihre Behauptungen durch **Zitate** bzw. **Verweise auf den Text** belegen.
Auch eine **Sprachmittlung** kann Ihnen hier begegnen, in deren Rahmen Sie z. B. Aussagen aus der spanischsprachigen Textvorlage mit Aussagen aus einem deutschen Text vergleichen sollen oder eine adressatenbezogene Übertragung ins Spanische vornehmen müssen.

Operatoren im Bereich „Reorganisation oder Analyse“:

Operator	Definition	Beispiel
analizar	*examinar y explicar ciertos aspectos particulares de un texto teniendo en cuenta el mensaje del texto en su totalidad*	*Analice el papel de las cartas y de los telegramas en la relación entre Mario y Neruda en este fragmento y en la novela.*
caracterizar	*resaltar los rasgos característicos de un personaje, una cosa, una situación etc., generalizando los puntos particulares o los detalles mencionados en este texto*	*Caracterice al protagonista de la obra.*
comparar	*destacar las semejanzas y diferencias de dos textos u opiniones*	*Compare a Don Valeriano con algún personaje de una obra literaria que conozca.*
describir y…	*referir de manera ordenada y lógica aspectos determinados de algo o alguien*	*Describa la situación actual de los jóvenes en España y analice las razones por esta situación.*
destacar	*hacer resaltar ciertos aspectos*	*Destaque cómo la protagonista intenta superar los obstáculos.*
explicar	*señalar las razones o motivos de algo*	*Explique por qué el problema de la violencia afecta sobre todo a jóvenes de familias pobres.*

referirse	*tener en cuenta otros aspectos*	*Refiérase también al trasfondo histórico de este cuento.*
resumir y…	*reducir a términos breves y precisos lo esencial de un asunto o materia*	*Resuma los argumentos presentados en el texto alemán y compárelos con las ideas del autor del primer texto.*

► Anforderungsbereich II.2: Kommentar oder gestaltende Interpretation

In diesem Anforderungsbereich wird von Ihnen eine **argumentative Stellungnahme** oder eine **gestaltende Interpretation** verlangt (z. B. das Verfassen eines Briefes, eines inneren Monologs, eines Tagebucheintrags). Ziel dabei ist, zu selbstständigen Gestaltungen, Folgerungen, Begründungen oder Wertungen zu gelangen.

Sie können hier **aus zwei Aufgaben auswählen**, von denen eine aus dem Bereich des Schwerpunktthemas der Abiturprüfung stammt.

Operatoren im Bereich „Kommentar oder gestaltende Interpretation":

Operator	Definition	Beispiel
comentar	*expresar opiniones y observaciones acerca de una cita, un problema o un comportamiento y dar argumentos lógicos*	*Comente en qué sentido estas dos postales, que se venden en Cuba, reflejan el mensaje del artículo «Los doctores del Chaco».*
comparar	*examinar dos o más cosas, situaciones, personajes, puntos de vista, etc. para descubrir y presentar su relación, sus semejanzas, sus diferencias según unos criterios dados*	*Compare el caso de los bebés robados en España con el robo de niños durante la dictadura en Argentina y comente las diferentes maneras de tratar los crímenes del pasado.*
convencer	*conseguir que una persona piense de una determinada manera o que haga una cosa*	*Convenza a sus padres de que estudiar un año en el extranjero es importante para usted y su futuro.*
evaluar	*comparar y juzgar las diferentes posiciones acerca de un tema/el comportamiento de un personaje*	*Evalúe el comportamiento de Makina teniendo en cuenta la situación de los ilegales.*
exponer su opinión	*expresar la propia opinión en cuanto a un comportamiento, una actitud, un punto de vista*	*Exponga su opinión acerca de las medidas del gobierno para luchar contra la corrupción y la delincuencia.*
interpretar	*analizar algo y explicar su sentido y su objetivo/mensaje*	*Interprete la cita siguiente.*
justificar	*aportar argumentos a favor de algo; defender con pruebas/razones*	*¿Cree usted que hoy Frida Kahlo pintaría y escribiría lo mismo? Justifique su opinión.*

redactar	*crear un cierto tipo de texto*	*Años después la madre de Lorenzo escribe una carta a una amiga sobre esa época. Redacte la carta.*
redactar un comentario	*analizar un asunto desde distintos puntos de vista para explicarlo o solucionarlo, examinar y valorar los pros y los contras, referirse a un punto de vista, poner objeciones y manifestar una opinión contraria*	*«Aquí parlem català». Redacte un comentario sobre la política lingüística en Cataluña y sus consecuencias para la vida cotidiana en esta Comunidad Autónoma.*

2.2 Die Bewertung

Die Original-Prüfungsaufgaben unterliegen folgender Bewertung:

Aufgabenteil	**Inhalt**	**Sprache**
Teil I: Textverständnis	10 VP	
Teil II.1: Reorganisation oder Analyse	10 VP	15 VP
Teil II.2: Kommentar oder gestaltende Interpretation	10 VP	15 VP
Summe	30 VP	30 VP

2.3 Die Kommunikationsprüfung

In der Kommunikationsprüfung sollen Sie zeigen, dass Sie die spanische Sprache verstehen und sprechen können. Dies kann in einer **Einzel**- oder einer sogenannten **Tandemprüfung** (zusammen mit einem Mitschüler) erfolgen.

Als **Sprechimpuls** wird Ihnen vor der Prüfung Material vorgelegt, das aus dem Bereich des Schwerpunktthemas stammen kann, aber nicht muss. Neben **Texten** sind auch **Bildmaterial** (Bilder, Fotografien, Karikaturen, Grafiken etc.), **Hörtexte** oder **Videos** möglich. Auch ein deutschsprachiger Text kann Ihnen als zusätzlicher Impuls vorgelegt werden. Sie haben 15 Minuten Zeit, um sich mithilfe eines einsprachigen Wörterbuches vorzubereiten. Dabei dürfen Sie sich Notizen machen.

Die Prüfung selbst ist in zwei Teile gegliedert:

Einzelprüfung:

- Monologisches Sprechen (5 Minuten)
- Dialogisches Sprechen (10 Minuten)

Tandemprüfung:

- Monologisches Sprechen (je Schüler 5 Minuten)
- Dialogisches Sprechen (10 Minuten)

2.4 Tipps zur Kommunikationsprüfung

Vor der Prüfung

Besprechen Sie schon vor der Abiturprüfung mit Ihrem Fachlehrer, auf welche Art von Sprechimpuls (Texte, Bildmaterial, Hörtexte, Videos) sie sich einstellen müssen. Falls Ihr Tandempartner am Tag der Prüfung erkrankt, findet eine Einzelprüfung statt. Bereiten Sie sich deshalb zuvor auch auf eine mögliche Einzelprüfung vor, damit Sie ggf. nicht von der neuen Situation überrascht werden.

Während der Prüfung

Nachdem Ihnen die Sprechimpulse und die Aufgaben vorgelegt werden, haben Sie **15 Minuten Zeit**, um sich mithilfe eines einsprachigen Wörterbuchs auf die Kommunikationsprüfung vorzubereiten. Schlagen Sie nur die **wichtigsten Wörter** nach, um nicht zu viel Zeit zu verlieren. Notieren Sie **stichpunktartig** wichtige Aspekte, die Ihnen bei der Gliederung Ihres Monologs helfen oder die Sie im Dialog ansprechen könnten. In der Prüfung müssen Sie frei sprechen. Es ist deshalb nicht sinnvoll, ausformulierte Sätze zu notieren.

In der Prüfungssituation ist man häufig nervös und verhaspelt sich oder gerät ins Stocken. Lassen Sie sich davon nicht aus dem Gleichgewicht bringen. Atmen Sie tief durch, sammeln Sie sich und setzen Sie neu an. Je besser Sie ein- oder überleitende Formulierungen beherrschen (zum Beispiel: „Para empezar quiero decir que/describir (a)/explicar…“; „Lo que quiero decir es que…“; „Se puede añadir que…“; „Otro aspecto importante es…“), desto mehr können Sie sich auf das Inhaltliche konzentrieren.

Achten Sie während des dialogischen Teils der Prüfung darauf, dass die Redeanteile **ausgewogen** sind. Falls Ihr Gesprächspartner Sie nicht zu Wort kommen lässt, können Sie ihn höflich unterbrechen. Sollte Ihr Gegenüber eher wortkarg sein und nicht richtig ins Reden kommen, können Sie ihm gezielte Fragen (zum Beispiel nach Aspekten, die er in seinem Monolog genannt hat) stellen. Die **Gesprächsführung** (Interaktion) fließt in die Beurteilung mit ein.

2.5 Tipps zur Sprachmittlung

In der Abiturprüfung kann Ihnen im Bereich der **Reorganisation und Analyse** (schriftliche Prüfung), aber auch als zusätzlicher Impuls in der **Kommunikationsprüfung** ein **deutscher Text** vorgelegt werden.

Bei einer Sprachmittlung geht es nicht um das genaue, wortwörtliche Übersetzen des Ausgangstextes, sondern um eine **sinngemäße Übertragung** der wichtigsten Aspekte in eigenen Worten. Sollte Ihnen im Rahmen der Reorganisations- und Analyseaufgabe ein deutschsprachiger Text vorgelegt werden, kann es sich zum Beispiel um folgende Arten von Aufgaben handeln:

- **sinngemäße Übertragung** in die Zielsprache
  Achten Sie hier darauf, gegebenenfalls adressatenbezogen zu schreiben (wenn von Ihnen gefordert ist, einen Artikel für eine Schülerzeitung zu verfassen, einen Text für eine bestimmte Person zu übertragen, eine Rede zu halten etc.).
- **Vergleich von Aussagen** aus der ersten, spanischsprachigen Textvorlage (Text A) mit Aussagen aus dem deutschen Text (Text B)
  Falls Ihnen die Aufgabenstellung hier vorgibt, sich auf bestimmte Aspekte des Textes zu konzentrieren, dann beschränken Sie sich auch tatsächlich darauf.
- **Auseinandersetzung mit Aussagen** im deutschen Text **vor dem Hintergrund des Schwerpunktthemas**
  Hier ist Ihr Hintergrundwissen zum Schwerpunktthema gefragt, mit dem Sie sich im Unterricht intensiv beschäftigt haben.

3 Textsortenspezifisches Schreiben

3.1 Personen charakterisieren

Eine Person kann im Text **explizit** (z. B. durch eine direkte Beschreibung) oder auch **implizit** (z. B. durch einen „sprechenden" Namen) charakterisiert werden. Am besten sammeln Sie alle entsprechenden Informationen vor dem Verfassen Ihres Textes und ordnen sie. Zur Charakterisierung einer Person sollten Sie diese zunächst allgemein beschreiben (Name, Nationalität, Alter, Aussehen, Familienstand, Informationen zur Biografie) und dann auf den Charakter und das Verhalten der Person eingehen. Von Interesse sind auch die Beziehungen zu den anderen Personen, die im Text vorkommen. Die Charakterisierung muss über die reine Beschreibungsebene hinausgehen und führt zur Interpretation.

3.2 Brief verfassen

Ein Brief kann formell oder informell sein. Sie sollten sich auf jeden Fall an die Anforderung in der Aufgabenstellung halten.
Die formalen Bestandteile eines Briefes sind im Wesentlichen das Datum, die Begrüßungsformel, der Textkörper, die Verabschiedung, die Abschiedsformel und die Unterschrift. Was den Inhalt angeht, so kann der Verfasser in seinem Brief z. B. informieren, Gefühle ausdrücken, versuchen, jemanden zu überzeugen, um etwas bitten, protestieren oder kritisieren.
Eine Sonderform des Briefes ist der Leserbrief *(la carta al director).*

	una carta formal	*una carta informal*
el saludo inicial	*Estimados señores y señoras:* *Distinguidos señores:* *Muy señores nuestros:* *Estimado/Distinguido Sr. García:* *Estimada/Distinguida Sra. García:*	*Querido Juan/Querida María:* *Hola Juan:*
empezar la carta	*Me dirijo a usted…* *Le(s) escribo para solicitar información sobre…/en respuesta a su carta del 13 de agosto…* *Quisiera…*	*¿Qué tal?* *¿Cómo te va?* *Te mando esta carta para…*
la despedida	*Dándole(s) las gracias por anticipado, …* *En espera de sus noticias, le(s) agradezco de antemano la acogida de esta carta.*	*Esto es todo por ahora.* *Esto es todo de mi parte.* *Escríbeme pronto.* *¡No te olvides de contestarme!*
el saludo final	*Le(s) saluda atentamente,…* *Muy atentamente, …*	*Un fuerte abrazo,…* *Besos, …* *Saludos cordiales/afectuosos…*

3.3 Tagebucheintrag/*monólogo interior* schreiben

Beide Textsorten sind eigentlich sehr privater Natur und nicht für die Öffentlichkeit bestimmt. Im Grunde genommen richten sie sich an ein imaginäres Gegenüber, um über etwas Rechenschaft abzulegen oder Klarheit zu bekommen. Meistens ist der Verfasser von Fragen und Zweifeln geplagt, von widersprüchlichen Gefühlen hin- und hergerissen und muss zu einer Entscheidung gelangen. Typisch ist zum einen also ein stark reflexiv-meditativer Charakter, zum anderen – und dies, ohne sich gegenseitig auszuschließen – treten oft ungehemmt ehrliche und spontane Emotionen, Verwünschungen, Flüche, Gefühlsausbrüche und Verzweiflung zutage. Sprachlich erfordert diese Textsorte daher eine große Bandbreite in Vokabular und Stil.

4 Nützliche Wendungen zum Verfassen eines Textes

Abwägen

- *Por un lado, …; por el otro/por otro lado, …*
- *No solo…, sino también…*
- *En cierto sentido, …/Es cierto que…, pero…*
- *Desde este punto de vista, …*

Aufzählen

- *Primero, .../En primer/en segundo/en tercer lugar...*
- *Entonces, .../finalmente, ...*
- *Para empezar se puede mencionar/decir que...*
- *Resumiendo lo anteriormente dicho se puede decir que.../ Concluyendo hay que decir...*
- *Para resumir/En conclusión/En resumen, ...*

Beispiele geben

- *Por ejemplo.../Para nombrar un ejemplo.../Tomemos el ejemplo de...*
- *Este punto se hace patente en.../cuando...*
- *Para aclarar este punto.../ilustrarlo...*
- *Este hecho se deja corroborar con un ejemplo...*

Charakterisieren von Personen

- *El personaje (principal) es gordo/delgado/alto/bajo/bonito/guapo/feo/rubio/ moreno/joven/viejo.*
- *El/la protagonista lleva gafas/tiene el pelo largo/tiene los ojos azules.*
- *El personaje es simpático/antipático/aburrido/interesante/tradicional/moderno/inteligente/tonto (estúpido) /amable/(un poco) pesado/paciente/impaciente/triste/alegre/aplicado/perezoso/algo vago/serio/divertido/tranquilo/marchoso/severo/tolerante/es pobre/rico/está casado/es soltero.*
- *El personaje ocupa una posición clave/desempeña un papel decisivo/importante.*
- *El comportamiento de... revela sus sentimientos y emociones.*
- *La actitud del protagonista ante su madre se caracteriza por...*
- *Hay una relación armónica/conflictiva entre los dos personajes.*

Besprechen eines Buches/Filmes

un libro puede ser	***una película puede ser***
– *una novela (de aventuras/negra = policíaca)* – *una ficción histórica/fantástica* – *una ciencia ficción* – *un cuento (de hadas)* – *una historia* – *una narración (corta)* – *una fábula* – *un relato*	– *una película romántica/fantástica/policíaca/de amor/de drama/de ciencia ficción/del oeste/de horror/de acción/de aventuras/de guerra/de dibujos animados* – *una comedia romántica/una tragicomedia* – *un drama/un melodrama* – *un documental* – *un cortometraje* – *un largometraje*

Besprechen eines Buches

- *La novela tiene lugar en.../está basada en.../se desarrolla en el presente/en el pasado.*
- *El autor/La autora narra/relata/describe/ilustra...*
- *El narrador en primera/tercera persona/el narrador omnisciente...*
- *El/la protagonista/el héroe/la heroína/el antagonista...*
- *El autor utiliza elementos dramáticos/cómicos.../expresiones como... /descripciones de... /detalles/metáforas/símbolos/imágenes/recursos estilísticos como la repetición/la enumeración/la comparación/la personificación/la ironía...*
- *El autor quiere divertir/entretener/informar/educar/sorprender/chocar/llamar nuestra atención sobre...*

Besprechen eines Filmes

- *Una adaptación (de una obra) literaria llevada al cine/una adaptación del Quijote para el cine/una adaptación cinematográfica de la novela...*
- *La banda sonora hace resaltar la atmósfera/consigue una atmósfera romántica/ de tensión/melancólica...*
- *La película critica.../se pronuncia en favor de.../toma partido por.../lanza un mensaje pacifista/sólo pretende entretener/transmite valores generales/religiosos/ conservadores.*

Beschreiben von Bildern

- *En la foto/la caricatura/la ilustración presentada/el cuadro presentado, hay...*
- *En la foto/la caricatura/la ilustración/el cuadro (título) de (autor), se ve/se ven...*
- *En el primer plano..., en el centro..., al fondo..., en el horizonte, se encuentra/se encuentran...*
- *En la parte superior/en la parte de arriba...*
- *En la parte inferior/en la parte de abajo...*
- *Podemos observar/reconocemos/destaca(n)/aparece(n)...*
- *El cuadro transmite/atrae/expresa...*
- *El caricaturista quiere provocar/llama la atención sobre/alude a/critica...*

Adjektive, die zur Beschreibung eines Textes/Filmes/Bildes etc. verwendet werden können:
aburrido, mal escrito, mal hecho, malo, exagerado, raro, demasiado sentimental, interesante, bien escrito, bien hecho, bueno, bonito, excepcional, expresivo, fascinante, misterioso, realista, romántico, vivo

Beschreiben von Grafiken, Diagrammen, Statistiken

- *La tabla/el cuadro presenta números y datos tal cual...*
- *El gráfico de barras/el gráfico de curvas/el diagrama circular hace visible...*
- *En torno al/cerca del 20 % declara/afirma/niega...*
- *Más de la mitad/Una parte considerable/la gran mayoría rechaza/considera...*

Bezug nehmen

- *Respecto a.../en cuanto a.../por lo que respecta a.../concerniente a.../en lo que se refiere a...*

Begründen

- *Por eso, .../por esa razón, ...*
- *Es la razón/el motivo por qué...*
- *Por las razones mencionadas...*
- *Como...* (wenn Nebensatz vorangestellt)/*porque...* (wenn Nebensatz nachgestellt)
- *puesto que.../ya que.../debido a.../a causa de.../por motivo de...*

Folgerungen ziehen, Absichten nennen

- *Por consiguiente, .../A consecuencia de.../En lo consiguiente quiero...*
- *De eso resulta que...*
- *Es decir, .../En otras palabras, ...*
- *En conclusión.../En suma, .../Resumiendo...*
- *... así que.../por...*

Gefühle ausdrücken

- *Estoy feliz/alegre/entusiasmado/encantado/aliviado que... (+ subjuntivo)*
- *Estoy triste/desesperado/deprimido/decepcionado/furioso/intranquilo... (+ subjuntivo)*
- *Tengo miedo/me temo mucho que... (+ subjuntivo)*
- *Estoy sorprendido/atónito/confuso... (+ subjuntivo)*
- *¡Qué alegría!/¡Viva...!*
- *¡Dios mío! /¿Es verdad que...?*
- *¡Qué horror!/¡Ay, pobre de mí!*

Hinzufügen eines neuen Aspekts/Einräumen

- *Además, .../Aparte de eso, .../Así como.../Por lo demás, .../Junto a es(t)o, ...*
- *Hay que añadir/agregar que...*
- *También/Asimismo...*
- *Aunque.../Aun cuando.../A pesar de.../Pese a que...*
- *Sin embargo.../No obstante...*

Vergleich und Gegensatz

- *En comparación a.../Comparado a...*
- *Se puede ver una semejanza a.../Semejante a.../Tanto... como...*
- *En contraste a...*
- *Hay que acentuar la diferencia entre... y...*
- *Es necesario distinguir entre... y...*

Wiedergeben der Meinung des Autors

- *Según el autor, ...*
- *Como opina/dice el autor, ...*

Verben, die in Bezug auf den Autor verwendet werden können:
decir, hablar de, expresar, constatar, afirmar, explicar, analizar, revelar, pretender, describir, pintar (una imagen), enumerar, dar/presentar informaciones sobre/en cuanto a, llamar la atención sobre, insinuar a, hacer alusión a, criticar, poner en duda, poner de relieve, subrayar, acentuar, discutir, mostrarse partidario/a favor/en contra de, creer, pensar

Wiedergeben der eigenen Meinung

- *En/Según mi opinión, ...*
- *Soy de la opinión que...*
- *Estoy a favor de.../en contra de...*
- *A mi modo de ver, ...*
- *Desde mi punto de vista, ...*
- *(No) comparto la opinión de.../(No) estoy de acuerdo con... cuando dice...*
- *No veo las cosas como...*
- *Pienso que/opino que/Me parece que...*
- ***No** pienso que/**No** creo que/Me parece **mal/bien** que... (+ subjuntivo)*
- *Estoy seguro que/Estoy convencido que...*
- ***No** estoy seguro que/**No** estoy convencido que... (+ subjuntivo)*
- *Lo que importa es/Lo mejor es... (+ infinitivo)*
- *Es necesario/imprescindible/preciso... (+ infinitivo **o** que + subjuntivo)*
- *Queda por discutir si...*
- *Me encanta/Me gusta porque...*
- *No vale nada/No vale la pena...*

Zeitangaben

- *En la época de...*
- *En aquel momento/En este momento...*
- *En aquel entonces, ...*
- *A primeros de/A mediados de/A finales de...*
- *Al mismo tiempo que...*
- *Mientras tanto/Entretanto, ...*
- *Durante...* (Zeitangabe, z. B.: *durante la guerra*)
- *En 2015/En el año 2015...*

Baden-Württemberg
Spanisch – Übungsaufgabe 1

Material A

«Los días del arcoíris» de Antonio Skármeta

Chile, 1988, durante la dictadura de Pinochet. Nico Santos es un estudiante de secundaria y el hijo del profesor de filosofía Santos, a quien se llevaron de clase los militares, delante de Nico. A la siguiente hora de clase viene el sustituto de su padre, el profesor Valdivieso.

A la salida del colegio me quedo en la esquina sin ganas de volver a casa. Si papá no está, soy muy poco virtuoso. No lavo los platos de la cena y la vajilla sucia se acumula en la cocina.

Repaso en la memoria el número de teléfono del hombre que hablaría con el cura. Quizá ya tendría información. Pero no debía llamarlo desde la casa. Me quedo esperando que se desocupara el teléfono público frente al paradero del bus. Froto la moneda de cien pesos en la palma de la mano hasta que el metal se calienta.

En eso estoy cuando se me acerca el profesor Valdivieso.

—¿Un café, Santos?

—¿Para qué?

—Para el frío, digo.

Caminamos hasta la confitería Indianápolis y nos apoyamos en el mesón mirando las nalgas de la dependienta envuelta en una minifalda dos tallas más chica que la que le corresponde. Cuando traen el café humeante, el profesor pone las manos en la taza para entibiarlas, y yo le echo azúcar en una cantidad que causaría el reproche de Patricia Bettini.

—Santos —dice entonces—, está no es una situación cómoda para mí. No es mi culpa que me haya tocado justo usted en el curso donde su papá hacía clases.

—Tampoco es culpa de mi papá.

—Acepté el puesto no por complicar la vida de su padre, sino porque la vida debe seguir adelante. Nuestros niños tienen que tener educación, pase lo que pase.

—Una educación ética —digo.

—A mí no me interesa qué ideas políticas haya tenido su padre.

—Bueno, nada muy especial. Su idea fundamental es luchar contra Pinochet.

—¿Ve usted? No puede ser que su padre mezcle una situación política como la que vive el país con la filosofía de Platón, que vivió más de dos mil años antes.

—No sé de qué me está hablando, profesor Valdivieso.

Toma un sorbo de café y la espuma de la leche le ensucia el bozo y se limpia con la manga. Veo que el teléfono público del local acaba de desocuparse y aprieto la moneda dentro del bolsillo.

Él saca de su chaqueta un papel doblado y lo estira sobre el metal del mesón. Es un texto manuscrito. Lo lee en voz alta, pero acercándose a mí en tono confidencial:

—«Así se puede decir que los chilenos en la dictadura de Pinochet somos como los prisioneros de la caverna de Platón. Mirando sólo sombras de la realidad, engañados por una televisión envilecida, mientras que los hombres luminosos son encerrados en calabozos oscuros.»

—¿De dónde sacó eso, maestro?

—Son los apuntes de clase de uno de sus compañeros de curso, Santos. El joven se lo entregó al rector.

Doy con tanta fuerza vueltas la cucharilla dentro del café que el líquido se desborda sobre el plato. Detrás de la cajera hay un pequeño estante con cigarrillos de todas las marcas. Ahí está también el tabaco negro que fuma mi padre.

Si sólo supiera dónde está le llevaría una cajetilla.

—Espero, Santos, que no me guarde rencor por haber ocupado el puesto de su padre.

—No, de ningún modo, señor Valdivieso.

—Usted sabe que éste es el mejor colegio de Chile y que para un profesor joven entrar en él es un motivo de orgullo y un hito en su carrera profesional.

—No se preocupe.

—Es que hubiera preferido haber entrado en otras condiciones. Por ejemplo, ganando un concurso de oposiciones y no haber sido designado por el dedo del señor rector.

Me llevo el pocillo a la boca y soplo el líquido. Está demasiado caliente aún. Lo pongo sobre el mesón y devuelvo a la taza el café que se ha derramado sobre el platillo.

—Si usted no hubiera aceptado —digo—, cualquier otro habría tomado el trabajo.

(625 palabras)

Fuente: Antonio Skármeta, Fragmento de la obra LOS DÍAS DEL ARCOÍRIS

Wortangaben und Erläuterungen:

l. 15	entibiar:	enfriar
l. 15	el reproche:	*Vorwurf*
l. 16	Patricia Bettini:	la novia de Nico Santos
l. 34	la caverna de Platón:	el mito de la caverna es una alegoría; trata del hombre frente al conocimiento
l. 35	envilecido/-a:	algo que se ha hecho despreciable
l. 36	el calabozo:	aquí: la cárcel
l. 44	guardar rencor:	*einen Groll hegen*

Teil I: Comprensión de texto **10 VP Inhalt**

Arbeitsanweisungen:

- Notieren Sie jeweils die korrekte Lösung und, falls verlangt, einen Textbeleg.
- Geben Sie für Ihren Beleg jeweils die Zeilen im Text an und notieren Sie die ersten und die letzten drei Wörter des Zitats.
- Sollte der Textbeleg weniger als sechs Wörter umfassen, notieren Sie das ganze Zitat.
- Achten Sie stets darauf, wie viele Textbelege verlangt werden.

1. Marque la solución correcta con una cruz (✗) y justifique su decisión con una cita del texto.

   a) Después de salir del colegio,

   ☐ Nico quiere volver a casa para hacer las tareas domésticas.

   ☐ Nico quiere hacer una llamada, pero no puede hacerla desde la casa.

   ☐ Nico espera al profesor Valdivieso para hablarle.

   Línea(s): ____________ *Cita:* ____________________

   ____ **2**

   b) Describa cómo se siente el profesor Valdivieso.

   ☐ Incómodo.

   ☐ Enojado.

   ☐ Arrepentido.

   Línea(s): ____________ *Cita:* ____________________

   ____ **2**

2. Marque con una cruz (✗) si la frase es verdadera (V) o falsa (F) y justifique su decisión con una cita del texto. **V F**

   a) El padre de Nico es partidario del régimen de Pinochet. ☐ ☐

   Línea(s): ____________ *Cita:* ____________________

   ____ **1**

		V	F	
b)	Ha comparado la situación de los chilenos con un antiguo mito griego.	☐	☐	

Línea(s): ______________ *Cita:* ______________________

____ 1

		V	F	
c)	Un compañero de clase de Nico ha denunciado a su padre.	☐	☐	

Línea(s): ______________ *Cita:* ______________________

____ 1

		V	F	
d)	Nico sabe adónde se han llevado a su padre los militares.	☐	☐	

Línea(s): ______________ *Cita:* ______________________

____ 1

		V	F	
e)	Nico no se siente ofendido por la sustitución de su padre por el profesor Valdivieso.	☐	☐	

Línea(s): ______________ *Cita:* ______________________

____ 1

		V	F	
f)	El profesor Valdivieso obtuvo este puesto ganando un concurso de oposiciones.	☐	☐	

Línea(s): ______________ *Cita:* ______________________

____ 1

Teil II.1: Análisis

10 VP Inhalt / 15 VP Sprache

Caracterice al profesor Valdivieso y compare la actitud de los dos profesores mencionados en el texto (Valdivieso y Santos) con un personaje de alguna obra literaria que haya leído en la clase de español.

Teil II.2: Redacción

10 VP Inhalt / 15 VP Sprache

Elija **uno** de los siguientes temas:

a) Imagine que Nico Santos consigue hablar libremente con su padre en la cárcel. Escriba un posible diálogo entre padre e hijo. Hablan de lo que ha pasado y del posible futuro del profesor Santos.

o

b) En el texto aparece la frase «Mirando sólo sombras de la realidad, engañados por una televisión envilecida». Comente el papel y la influencia que tiene la televisión (sean la televisión clásica o los vídeos en Internet) en nuestras vidas diarias.

Lösungsvorschläge

Teil I: Comprensión de texto

Hinweis: *Wenn Sie sich bei Multiple-Choice-Fragen nicht sicher sind, versuchen Sie zunächst, mit der Ausschlussmethode weiterzukommen. Welche Antwort kann auf keinen Fall stimmen? Suchen Sie dazu nach Schlüsselwörtern im Text. Beachten Sie zudem, dass Sie einen Textbeleg nennen müssen, da die Antwort (auch wenn das Kreuz richtig gesetzt ist) sonst nicht gewertet wird. Dies gilt auch für die Falsch/Richtig-Aufgaben. So soll ausgeschlossen werden, dass Sie die Antwort nur erraten haben.*

1. a) Después de salir del colegio,

☐ Nico quiere volver a casa para hacer las tareas domésticas.

☒ Nico quiere hacer una llamada, pero no puede hacerla desde la casa.
ll. 4-5: «Repaso en la […] desde la casa»

☐ Nico espera al profesor Valdivieso para hablarle.

b) Describa cómo se siente el profesor Valdivieso.

☒ Incómodo.
l. 17: «—Santos— dice entonces […] cómoda para mí»

☐ Enojado.

☐ Arrepentido.

		V	F
2. a)	El padre de Nico es partidario del régimen de Pinochet. **l. 24: «Su idea fundamental […] luchar contra Pinochet»**	☐	☒
b)	Ha comparado la situación de los chilenos con un antiguo mito griego. **ll. 33-34: «Así se puede […] caverna de Platón»**	☒	☐
c)	Un compañero de clase de Nico ha denunciado a su padre. **ll. 38-39: «Son los apuntes […] entregó al rector»**	☒	☐
d)	Nico sabe adónde se han llevado a su padre los militares. **l. 43: «Si sólo supiera […] llevaría una cajetilla»**	☐	☒
e)	Nico no se siente ofendido por la sustitución de su padre por el profesor Valdivieso. **l. 46: «—No, de ningún modo, señor Valdivieso»**	☒	☐
f)	El profesor Valdivieso obtuvo este puesto ganando un concurso de oposiciones. **ll. 50-52: «Es que hubiera […] del señor rector»**	☐	☒

Teil II.1: Análisis

Hinweis: *Beachten Sie die Zweiteilung der Aufgabenstellung. Charakterisieren Sie zunächst auf Grundlage des Textes den* profesor *Valdivieso. Vergleichen Sie dann die Haltung der beiden im Text genannten* profesores *(Valdivieso und Santos, also Nicos Vater) mit einer Person aus einem anderen Ihnen bekannten Text.*
Im Rahmen des Schwerpunktthemas „Vivir en tiempos difíciles" bieten sich dafür zum Beispiel die Kurzgeschichten „La Purificación" (José Jiménez Lozano) oder „La lengua de las mariposas" (Manuel Rivas) an. Auch in diesen Erzählungen geht es um Lehrer, die sehr unterschiedliche Ansichten vertreten.

El profesor Valdivieso es un hombre joven y ambicioso. Trabajar en el colegio de Nico es para él motivo de orgullo (l. 48). Está comprometido con sus estudiantes: piensa que la educación de los niños es muy importante (l. 21). A la vez, es un hombre apolítico (l. 23). Por su comportamiento con Nico se puede constatar que siente compasión por el chico y que se siente también un poco culpable. Sin embargo, parece más bien pragmático: «la vida debe seguir adelante» (ll. 20-21). Además, se puede decir que no es cobarde, porque habla con Nico para aclarar la situación.
La actitud del profesor Valdivieso se asemeja a la del profesor Don Celes en «La purificación» de José Jiménez Lozano. En ambos casos se trata de hombres que renun-

cian a tener ideas políticas propias (en el caso del profesor Valdivieso no se conocen; Don Celes ha sido «purificado»). Lo que ambos quieren es mantener su puesto de trabajo: el profesor Valdivieso ha conseguido el puesto sin concurso oposición; Don Celes ha podido reincorporarse). Es decir, ambos han sabido adaptarse a un sistema autoritario.

El profesor Santos, por su parte, se puede comparar con el profesor Don Gregorio en «La lengua de las mariposas» de Manuel Rivas. Al contrario que el profesor Valdivieso y Don Celes, el profesor Santos y Don Gregorio no han dejado de creer y luchar por sus ideales, aunque esto signifique la cárcel o la muerte. También se les puede comparar desde el punto de vista del uso de la simbología en los contenidos de sus clases. Don Gregorio expresa su crítica a través de un poema de Antonio Machado (Caín y Abel que representan las dos Españas) y el profesor Santos, de una forma más directa, lo hace a través de la filosofía (la caverna de Platón es la dictadura de Pinochet y los chilenos son los prisioneros, ver ll. 33-36). *(320 palabras)*

Teil II.2: Redacción

a) ***Hinweis:*** *Bei dieser kreativen Schreibaufgabe können Sie Ihre Fantasie spielen lassen. Gehen Sie jedoch auf die in der Aufgabenstellung geforderten Aspekte („hablar de lo que ha pasado y del posible futuro del profesor Santos") ein. Verwerten Sie Informationen, die Sie im Textausschnitt erhalten, und versuchen Sie, sich in die Personen hineinzufühlen.*

PADRE: ¡Nico! ¿Cómo has podido localizarme?

HIJO: El cura te localizó y consiguió esta visita.

PADRE: Entonces el contacto que te di te sirvió de algo y el cura nos ayudó al final. ¿Qué tal en casa?

HIJO: Ya sabes que no me gustan demasiado las tareas domésticas, pero bien.

PADRE: Me lo imagino. ¿Y en el colegio? ¿A quién le han dado mi puesto?

HIJO: Pues tenemos al profesor Valdivieso. Es muy joven y está contento de poder dar clase en nuestro colegio. Me invitó a un café para explicarme por qué había aceptado ser tu sustituto. No es un tipo antipático, pero no se interesa nada por la política, así que ahora la clase no es tan interesante como la tuya. Lo puso el rector sin hacer concurso oposición. Eso le hace sentir mal.

PADRE: Bueno, tenían que dar el puesto a alguien.

NICO: Eso le dije yo. Papá, el profesor Valdivieso me dijo también quién te había delatado.

PADRE: Supongo que alguno de mis alumnos. No te preocupes, era cuestión de tiempo que me encarcelaran por mis ideas políticas. Nico, espero que sepas ser fuerte porque no sé si saldré de aquí…

HIJO: ¿Qué posibilidades hay de que salgas?

PADRE: Todo depende de si me someto a las ideas del régimen. En todo caso nunca más podré dar clase.

HIJO: Supongo que no aceptarás la propuesta. Dar clase es para ti tu vida y no puedes dejar de pensar como lo haces. No es justo.

PADRE: Aunque no tengan derecho, pueden obligarme si quieren. En este país no hay justicia, pero seguro que algún día la habrá. No hay que perder la esperanza, nunca. Prométemelo. *(278 palabras)*

b) ***Hinweis:*** *Interpretieren Sie zunächst das Zitat. Sie können dann zum Beispiel eingehen auf den Fernsehkonsum im Vergleich zum Konsum anderer Medien, auf die Bedeutung des Fernsehens und auf das Problem der neutralen Informationsvermittlung (wie/wozu können Informationen manipuliert werden? Wie wirkt sich eine solche Manipulation aus?).*
Eine andere Möglichkeit: Sie könnten im Rahmen dieser Aufgabe auch auf die Art und Weise eingehen, wie uns das Fernsehen durch seine Filme und Serien eine andere, schönere Welt vorspiegelt, in der man sich verlieren kann. Auch die Themen „Reality TV" und „Doku-Soaps" könnten ein Ansatzpunkt sein.
Beschränken Sie sich in jedem Fall auf eine dieser Möglichkeiten. Auf alle Themen einzugehen würde den Rahmen Ihrer redacción *sprengen.*
Vergessen Sie nicht, Ihre persönliche Meinung darzulegen.

La frase del texto nos quiere decir que la televisión manipula claramente la verdad, las noticias de lo que pasa en el mundo (en este caso en Chile). Lo que se cuenta en la televisión a veces se parece muy poco a lo que realmente sucede.
Hoy en día la televisión es el medio de comunicación por excelencia. Desde su aparición ha dejado relegada a la radio o a la prensa escrita a un segundo plano. No solamente vemos la televisión «clásica» en el televisor, sino que también descargamos vídeos en el ordenador, la tableta o el teléfono inteligente. Los grandes periódicos desde hace mucho han extendido su oferta incluyendo vídeos que «acompañan» las noticias escritas. La información transmitida mediante estas «imágenes en movimiento» es fácil de comprender y nos parece muy auténtica e inmediata. Por eso, mucha gente confía en que la televisión y los vídeos nos muestran las cosas como son, en que dicen la verdad.
Pero hay que tener en cuenta que esta «realidad» a veces es manipulada y deformada. La información es poder, es decir, lo que se diga y cómo se diga afecta a la opinión pública. Manipulando una noticia (o, simplemente, no transmitiéndola) se puede conseguir que la gente piense de una u otra manera sobre un tema o suceso. El objetivo puede ser que un partido gane las elecciones o que alguien se haga popular a pesar de haber hecho algo fuera de la ley, por ejemplo.
Personalmente creo que es necesario que se enseñe a los jóvenes a manejar este medio de comunicación para darse cuenta de cuándo se quiere enviar un mensaje determinado al espectador y se intenta manipularle. La gente en general y los jóvenes en particular, tendríamos que aprender a darnos cuenta y a analizar, comparar y contrastar las noticias. *(301 palabras)*

Baden-Württemberg
Spanisch – Übungsaufgabe 2

Material A

«Los girasoles ciegos» de Alberto Méndez

Lorenzo es un niño de siete años. Vive con sus padres en un piso de Orense, Galicia, en la España de la posguerra.

Era tarde y era sábado. El ascensor se detuvo en el tercero. El silencio se transformó en quietud y el cubilete y los dados se quedaron suspendidos en el aire hasta que sonó el timbre.

A mi alrededor comenzó un caos premeditado. Mi padre se fue diligentemente a su armario, mi madre recogió sus fichas del tablero, sólo las suyas, y a mí, que ya estaba en pijama, me acostó en una de las camas de su dormitorio.

Pase lo que pase, hazte el dormido —me dijo.

Recolocó el rosario que ocultaba las bisagras del armario donde se escondía mi padre y, atenta a cualquier desorden, fue a abrir la puerta que estaba aporreando sin misericordia el visitante inoportuno.

La habitación se quedó a oscuras y, cuando mi madre abrió la puerta a los visitantes, el silencio regresó como si nadie lo hubiera ahuyentado, pero fue entonces cuando me acordé de que, con las prisas, no habíamos recogido los papeles de la mesa de mi padre. Ahora lo cuento como si estuviera hablando de una travesuras de un niño ajeno a mí y me resulta imposible, porque el miedo es inefable, describir el tremendo esfuerzo que supuso para aquel niño que tengo en la memoria abrir la puerta del dormitorio procurando no hacer ruido, ir a oscuras hasta la mesa de trabajo donde estaban las cuartillas que mi padre utilizaba para traducir, agruparlas en silencio mientras oía unas voces desabridas que insultaban a mi madre al otro lado del pasillo y, por último, regresar al dormitorio y arrojar los papeles dentro del armario donde se escondía mi padre y su silencio. Lo único que lamenté después de aquello es no poder contar a mis amigos mi proeza.

Desde el verano del año en que acabó la guerra, la policía no había vuelto a registrar la casa de Elena, pero una noche en la que la rutina familiar disimulaba las asperezas del miedo, llegaron cuatro hombres vocingleros al mando de uno más joven, con camisa azul y abrigo de mezclilla, que se ponía en jarra para preguntar y se atusaba el pelo lacio y grasiento mientras esperaba la respuesta. Los otros tres policías se sabían implacables, pero el joven se consideraba un dandi.

A empellones, llevaron a Elena hasta la cocina. Dos de ellos siguieron avanzando por el pasillo y el joven y otro policía que tenía la cara picada de viruela se quedaron junto a ella. Con la pistola sobre la mesa de mármol comenzó un interrogatorio caótico que Elena apenas escuchaba y que resolvía con monosílabos no siempre congruentes con las preguntas porque todos sus sentidos estaban persiguiendo a los dos policías que registraban la casa.

A las preguntas de si era cierto que su marido estaba escondido en Madrid, de si su marido había muerto, de si ella estaba amancebada con un cura, de si su hija era puta en Barcelona, de si no se le apetecía un revolcón con unos hombres de verdad, de si su marido había matado monjas en la guerra, de si era adepta al Movimiento Nacional, a todo esto, contestó que sí.

Sin embargo, contestó que no cuando le preguntaron si sabía que su marido estaba preso en Salamanca, que vivía con una furcia en el sur de Francia, si era adepta al Movimiento Nacional, si sabía quién era el padre de su hijo, si tenía contactos con el Imperio Británico o si pensaba huir a Rusia para reunirse con su marido que era un capitoste del Ejército Rojo.

El interrogatorio y sus respuestas, que hubieran sido distintas de haberse formulado en otro orden, quedó interrumpido cuando uno de los policías que registraban la casa apareció en la puerta de la cocina llevando a Lorenzo arrastrado de una oreja. El niño estaba descalzo y caminaba de puntillas como si quisiera levitar para mitigar el dolor.

—¡Deja a mi hijo en paz! —gritó Elena mientras se abalanzaba a coger a su hijo en brazos.

A partir de ese momento la conversación de los cuatro policías se tejió entre ellos como un juego de obscenidades y procacidades dichas al desgaire mientras recorrían la casa desordenando los armarios, los libros, la vajilla, los juguetes de Lorenzo y todo aquello que pareciera estar en su sitio.

Pero a pesar del tiempo que estuvieron en el dormitorio de Elena comentando las infinitas posibilidades de felicidad que podrían proporcionarles aquellas camas si ella fuera de verdad una mujer, no descubrieron que, tras el rosario de cuentas de madera, había unos goznes que abrían el armario donde estaba escondido un hombre angustiado por si no lograba contener el llanto. *(769 palabras)*

Fuente: Alberto Méndez: «Los girasoles ciegos», Editorial Anagrama, Barcelona, 2004, pp. 124-127

Wortangaben und Erläuterungen:

l. 2	el cubilete:	*Würfelbecher*
l. 4	premeditado/-a:	organizado/-a anteriormente
l. 4	diligentemente:	rápidamente
l. 8	la bisagra:	*Türangel*
l. 9	aporrear:	golpear con fuerza
l. 14	la travesura:	*Streich, Unfug*
l. 15	inefable:	que no se puede explicar con palabras
l. 22	la proeza:	la hazaña *(Heldentat)*
l. 25	vocinglero/-a:	que habla muy alto
l. 26	ponerse en jarra:	(loc.) con las manos en la cintura
ll. 26-27	atusarse el pelo:	pasar la mano para peinarse
l. 28	implacable:	*unerbittlich*
l. 29	el dandi:	hombre elegante y refinado
l. 30	la viruela:	*Pocken*
ll. 32-33	congruente:	con sentido
l. 36	amancebado/-a:	en relación sin estar casado

l. 41	la furcia:	la putilla
l. 48	levitar:	flotar
l. 53	la procacidad:	la insolencia *(Ungehörigkeit)*
l. 53	al desgaire:	(loc.) con descuido

Teil I: Comprensión de texto — 10 VP Inhalt

Arbeitsanweisungen:

- Notieren Sie jeweils die korrekte Lösung und, falls verlangt, einen Textbeleg.
- Geben Sie für Ihren Beleg jeweils die Zeilen im Text an und notieren Sie die ersten und die letzten drei Wörter des Zitats.
- Sollte der Textbeleg weniger als sechs Wörter umfassen, notieren Sie das ganze Zitat.
- Achten Sie stets darauf, wie viele Textbelege verlangt werden.

1. ¿Quién narra los acontecimientos en este fragmento de novela? Conteste de manera corta y precisa.

Un niño de siete años que se llama Lorenzo

En la primera parte Lorenzo, en segunda un narrador 1

narrador en primera persona

2. Complete la frase de manera corta y precisa. Justifique su respuesta con una cita del texto.

a) La reacción de la familia cuando suena el timbre es…

(que el padre se esconde)

~~caótico~~ muy organizada

Línea(s): 4 *Cita:* A mi alrededor

un caos premediato 1

b) Lorenzo se levanta de la cama para…

~~recoger~~ esconder los papeles de su padre ~~de la mesa~~

Línea(s): 12-20 *Cita:* pero fue entonces

de mi padre. 1

3. Marque con una cruz (**✗**) si la frase es verdadera (V) o falsa (F) y justifique su decisión con una cita del texto.

	V	F	
a) Es la primera vez que viene la policía a casa de la familia.	☐	☒	
Línea(s): 23-24 *Cita:* Desde el verano ... casa de Elena			1
b) Los policías amenazan a Elena.	☒	☐	
Línea(s): 31 *Cita:* con la pistola ... mesa de mármol			1
c) Ella escucha atentamente sus preguntas durante el interrogatorio.	☐	☒	
Línea(s): 31-32 *Cita:* un interrogatorio que Elena apenas escuchaba			1
d) Los policías quieren humillar y provocar a Elena.	☒	☐	
Línea(s): 35-44 *Cita:*			1
e) Sin embargo, dejan en paz a su hijo.	☐	☒	
Línea(s): 46-49 *Cita:* Uno de los ... de una oreja dolor			1
f) Los policías dejan todo en desorden registrando la casa.	☒	☐	
Línea(s): 53-55 *Cita:* mientras recorrían la ... en su sitio			1
g) No saben dónde está el marido de Elena.	☒	☐	
Línea(s): 58-60 *Cita:* Pero a pesar no descubrieron que ... un hombre angustiado			1

Teil II.1: Análisis **10 VP Inhalt / 15 VP Sprache**

Analice lo ocurrido y la vida de la familia a partir de sus conocimientos sobre la Historia de España. Luego, compare la situación de la familia con alguna obra literaria que conozca.

Teil II.2: Redacción **10 VP Inhalt / 15 VP Sprache**

Elija **uno** de los siguientes temas:

a) Años después la madre de Lorenzo escribe una carta a una amiga sobre esa época. Redacte la carta.

o

b) El Día de la Raza es un día festivo celebrado en Hispanoamérica el 12 de octubre. Conmemora el descubrimiento de América por Cristóbal Colón. Desde 2002 su nombre ha cambiado, al igual que su significado: «Día de la Resistencia Indígena», «Día de la Hispanidad», «Día del Respeto a la Diversidad Cultural»… Comente esta decisión teniendo en cuenta la situación de los pueblos indígenas en los países latinoamericanos.

Lösungsvorschläge

Teil I: Comprensión de texto

Hinweis: Die erste Frage zielt auf das globale Leseverstehen ab. Im Anschluss geht es um Informationen, die Sie bestimmten Textstellen entnehmen können. Diese Textstellen können aus wenigen Wörtern bestehen, manchmal aber auch aus ganzen Textpassagen.

1. **En la primera parte es Lorenzo (narrador en primera persona), en la segunda parte un narrador.**

2. a) La reacción de la familia cuando suena el timbre es **muy organizada/rápida y tranquila/bien ensayada**.
   l. 4: «A mi alrededor […] un caos premeditado»

   b) Lorenzo se levanta de la cama para **esconder los papeles de su padre**.
   ll. 16-20: «abrir la puerta […] dentro del armario»

3.

	V	F
a) Es la primera vez que viene la policía a casa de la familia. **ll. 23-24: «Desde el verano […] casa de Elena»**	☐	☒
b) Los policías amenazan a Elena. **l. 31: «Con la pistola […] mesa de mármol»**	☒	☐
c) Ella escucha atentamente sus preguntas durante el interrogatorio. **ll. 32-34: «comenzó un interrogatorio […] registraban la casa»**	☐	☒
d) Los policías quieren humillar y provocar a Elena. **ll. 35-44: «A las preguntas […] del Ejército Rojo»**	☒	☐
e) Sin embargo, dejan en paz a su hijo. **ll. 46-49: «uno de los […] mitigar el dolor»**	☐	☒
f) Los policías dejan todo en desorden registrando la casa. **ll. 53-55: «recorrían la casa […] en su sitio»**	☒	☒
g) No saben dónde está el marido de Elena. **ll. 56-60: «Pero a pesar […] un hombre angustiado»**	☐	☒

Teil II.1: Análisis

Hinweis: Gehen Sie darauf ein, welcher Epoche der spanischen Geschichte die Handlung des vorliegenden Romanausschnitts zuzuordnen ist. Sie benötigen hierzu Ihr geschichtliches Hintergrundwissen. Belegen Sie Ihre Erkenntnisse anhand des Textes.
Stellen Sie anschließend einen Bezug her zu einem Ihnen bekannten literarischen Werk. Es würde sich zum Beispiel die Kurzgeschichte „El mundo transparente" von Francisco García Pavón anbieten.

El periodo en el que se desarrolla el fragmento de esta novela es posterior a la Guerra Civil española. El Movimiento Nacional había ganado esta guerra y los hombres que habían defendido la República fueron perseguidos para ser juzgados. Algunos de ellos huyeron al extranjero, otros optaron por quedarse en el país escondidos. Como en el caso del protagonista del relato, no era raro que se escondieran en sus propias casas en habitaciones secretas.
Hay claros ejemplos en el texto que aluden al periodo en el que transcurre la acción. Por ejemplo, durante el interrogatorio a Elena los policías le preguntan dos veces si apoya al Movimiento Nacional (ll. 38-39 y 41-42), si su marido es un cargo importante del Ejército Rojo (es decir, comunista) (ll. 43-44) y si mató monjas durante la guerra (los republicanos estaban en contra de la Iglesia en todas sus representaciones) (l. 38). Todo ello indica la orientación política del marido de Elena: es republicano.
Los acontecimientos narrados en el fragmento de la novela «Los girasoles ciegos» se pueden relacionar con el cuento «El mundo transparente» de Francisco García Pavón. En ambos textos hay personas que tienen que ocultar algo, que tienen que esconderse para proteger su intimidad, su vida.
En «El mundo transparente» todo es visto, por los vecinos, por el gobierno que puede controlar así los pasos de los ciudadanos. Esto implica que la gente se comporta de una forma artificial y vive una vida ajena. En «Los girasoles ciegos», Ricardo y su familia dan una imagen al exterior que no se corresponde con la que en realidad quieren o intentan vivir, ya que están vigilados continuamente. No se sabe cuándo o quién puede descubrir su secreto.
La alternativa es esconderse, cerrar las ventanas en «Los girasoles ciegos» y apagar la luz en «El mundo transparente». Por si no fuera poco, el silencio se apodera de las vidas de los protagonistas de ambas obras. Todo puede ser escuchado y usado en contra de las personas. No existe la intimidad ni la libertad. *(342 palabras)*

Teil II.2: Redacción

a) ***Hinweis:*** *Bei dieser kreativen Schreibaufgabe geht es darum, einen informellen Brief zu verfassen. Halten Sie sich dabei an die formalen Anforderungen (Datum, Anrede, Einleitung, Verabschiedung), die für jede Art von Brief gelten.*
Die Aufgabenstellung lässt Ihnen viel Freiheit beim Inhalt des Briefes. Berücksichtigen Sie in jedem Fall die Vorgabe, dass der Brief viele Jahre später verfasst wird und die Ereignisse von damals – aus der Perspektive Elenas – wieder aufnimmt.

Orense, 9 de septiembre de 1977

Querida María:

Han pasado muchos años desde que nos despedimos en la estación de tren y tú te fuiste a vivir a Nueva York. Nunca te he contado cómo fueron aquellos días de miedo e incertidumbre que vivimos. Ahora, por fin, puedo hablar libremente.
En aquella época, tuve que mantener una doble vida. Sabes que mi marido había sido un defensor de la República. Después de la derrota, lo buscaron los nacionales. Como ya no era posible huir, se escondió en el armario de nuestro dormitorio, como si estuviera encarcelado en casa. Fue horrible para él, no poder salir de allí, no poder ver el sol, y siempre con miedo. Para mí también fueron años muy difíciles. No solo por el miedo a que lo descubrieran, sino también a que Lorenzo perdiera su infancia. Era muy pequeño, apenas ocho años, pero se comportaba como un hombre. No sé si comprendía la situación en la que vivíamos. Nunca preguntó por qué su padre se escondía en el armario y por qué la policía venía en la noche. Guardó el secreto de que su padre vivía escondido. Si no hubiera sido por Lorenzo, no hubiera podido ser lo suficientemente fuerte para vencer los obstáculos de aquellos años. Tenía miedo, pero intentaba dar un poco de normalidad a la vida cotidiana. Y deseaba muchísimo poder hablar con alguien de mi situación, de mis problemas. Por fin, te lo puedo contar todo.
Conociendo mi gran secreto, quizás puedes comprender también por qué dejé de contestar a tus cartas. No podía contarte la verdad sobre mi vida y mi familia por miedo a que la policía leyera las cartas. Todo lo que te hubiera contado hubiera sido mentira, por eso no te escribía.
Espero que tú estés bien, así como tu familia. Dale muchos recuerdos a tu marido y a tu madre de mi parte.

Te abraza,

Elena *(319 palabras)*

b) ***Hinweis:*** *Kommentieren Sie, welche Auswirkungen Kolumbus' Ankunft in Amerika auf die indigenen Völker hatte. Vor allem sind natürlich die Folgen der Kolonisierung gemeint. Gehen Sie auch auf die heutige Situation der* indígenas *ein und nennen Sie eines oder mehrere Beispiele für ihren Kampf um Anerkennung und Unabhängigkeit, der letztlich auch zur Umbenennung des Feiertags geführt hat.*

En 1942 Cristóbal Colón llegó a América sin saber ciertamente que estaba en un nuevo continente. Colón, al igual que todos los que con él iban, pensaba que habían llegado a las Indias.
El nuevo continente era rico en minerales valiosos como el oro. También había otras riquezas que hicieron que los colonizadores españoles abusaran de los pacíficos habitantes de estas tierras para enriquecer a la corona española. Los españoles impusieron su lengua y su religión a estos pueblos que tenían una cultura y costumbres ricas y arraigadas. Además de exigir riquezas, maltratar y esclavizar a hombres y mujeres, los conquistadores llevaron enfermedades que mataron a un gran número de habitantes del «Nuevo Mundo».
Después de siglos de ocupación, en el siglo XIX nacieron grupos independentistas. Las ganas de independencia y de poder devolver la dignidad a los indígenas se iniciaron en Sudamérica por Simón Bolívar. Las revueltas se extendieron por toda Centroamérica. Ya a mediados del siglo XIX gran parte de América Latina era independiente.
Sin embargo, la situación de los pueblos indígenas en muchos países latinoamericanos siguió siendo mala. Como consecuencia, surgieron movimientos indigenistas para reivindicar sus derechos, buscar la dignidad histórica y mostrar que estaban orgullosos de su cultura (tradiciones, lenguas…). Incluso se produjeron levantamientos armados (por ejemplo la insurrección de Chiapas).
Actualmente, hay incluso un presidente indígena en Bolivia (Evo Morales) y muchos otros que apoyan la causa indígena. Esta es la razón por la que se ha cambiado el nombre del día festivo, para poner de manifiesto que la diversidad cultural es la verdadera riqueza de este continente y para valorar la lucha de su gente para proteger su cultura. Creo que este es el camino para cerrar las heridas y el sufrimiento del pasado. *(290 palabras)*

Material A

«El modelo de escuela bilingüe es inclusivo y permite visualizar el respeto y la integración en las dos lenguas»

Por DANIEL TERCERO | 24/02/2013

Ningún estudio internacional o pedagógico avala la inmersión lingüística obligatoria que se aplica en Cataluña. Es un modelo único, tanto por la negativa de la Generalidad a permitir que los padres elijan la educación de sus hijos como por ser el único lugar del mundo —con la excepción de Groenlandia— en el que no se puede estudiar en la lengua oficial del Estado. Para protestar por esto, la Asociación por la Tolerancia aprovecha el Día Internacional de la Lengua Materna para celebrar una jornada sobre bilingüismo y lengua materna.

El problema lingüístico que se vive en España está trufado por tres aspectos que lo convierten en un asunto de Estado. El fanatismo, la política y el dinero rodean todos los conflictos que se han generado —y ahí siguen— en Cataluña, País Vasco, Galicia, Baleares y la Comunidad Valenciana. Los gobiernos autonómicos, en algunos casos, legislan a favor del uso de las lenguas oficiales, pero no cumplen las normas; en otros casos, directamente, aprueban leyes en contra de la libertad de los ciudadanos.

La I Jornada por la Lengua Materna y el Bilingüismo organizada por la Asociación por la Tolerancia se ha celebrado en Barcelona, este sábado, con la participación de las principales entidades que velan por los derechos individuales de los ciudadanos en materia lingüística. El objetivo del acto era claro: poner de manifiesto que en algunos lugares de España, hoy en día, es imposible recibir la educación en la lengua oficial del país, común a todos los españoles y una de las de mayor proyección internacional. […]

¿Qué es mejor y más justo, la libre elección de lengua vehicular en las escuelas o un modelo bilingüe? En torno a esta pregunta, Mercè Vilarrubias catedrática de Filología inglesa en la Escuela Oficial de Idiomas de Barcelona y autora del libro «Sumar y no restar», y José Manuel Pousada, licenciado en Ciencias Químicas y vicepresidente de Galicia Bilingüe, han debatido y puesto las bases de la defensa de dos modelos distintos y no solo mejores y más justos que la inmersión lingüística obligatoria sino que aplicables en otros países del entorno europeo.

Así, Vilarrubias ha señalado que «el modelo de escuela bilingüe es inclusivo, no resta, y permite visualizar el respeto y la integración en las dos lenguas». Esta sería la opción más ajustada a la realidad, al menos en Cataluña. Una sociedad bilingüe —que no quiere decir que hable los dos idiomas sino que entiende los dos y utiliza el que quiere— requiere de una escuela bilingüe. […]

«El sistema bilingüe en la escuela es el mejor sistema educativo para crear el mayor número de personas competentes en las dos lenguas oficiales», ha defendido la catedrática. Un argumento irrefutable. […]

Sin embargo, el modelo escolar en el que dos lenguas conviven con naturalidad no es aceptado por los partidos políticos nacionalistas que controlan la educación en Cataluña. «La situación en Cataluña es muy extrema y se está en una guerra abierta contra el español desde hace mucho tiempo», ha añadido Vilarrubias.

Gales (Reino Unido), Finlandia, Irlanda, Bruselas (Bélgica), algunas regiones de Italia, Eslovenia, Transilvania (Rumanía)… son solo algunos de los lugares de Europa donde los padres pueden escoger la lengua de escolarización de sus hijos. En ningún lugar del mundo —a excepción de Groenlandia— se da lo que ocurre en Cataluña, donde la inmersión lingüística se hace de forma obligatoria y en contra de los padres que piden la escolarización de sus hijos en la lengua oficial del Estado.

En el País Vasco, tal y como ha señalado María Aldecoa, los distintos gobiernos autonómicos se han saltado la norma directamente. En esta Comunidad, la legislación permite la elección de lengua vehicular e incluso permite a los padres apostar por un modelo bilingüe. Sin embargo, Aldecoa ha denunciado que la Consejería de Educación, Política Lingüística y Cultura permite a los centros escolares no ofertar la opción de línea en español (el modelo A), con el eusquera como asignatura lingüística. *(658 palabras)*

Fuente: http://www.vozbcn.com/2013/02/24/138405/bilingue-libertad-eleccion-jornada/

Wortangaben und Erläuterungen:

En las líneas 26 y 27 se habla de dos modelos escolares. Sin embargo, en el texto se debate solo uno de ellos. El segundo modelo no aparece.

l. 1	avalar:	aquí: apoyar
l. 8	trufar:	decir mentiras
l. 12	legislar:	hacer leyes
l. 17	velar:	cuidar, proteger
l. 22	lengua vehicular:	idioma que sirve de comunicación entre personas de diferentes lenguas maternas
l. 31	ajustado:	aquí: parecido
l. 36	irrefutable:	que no se puede contradecir
l. 51	ofertar:	ofrecer

Teil I: Comprensión de texto

10 VP Inhalt

Arbeitsanweisungen:

- Notieren Sie jeweils die korrekte Lösung und, falls verlangt, einen Textbeleg.
- Geben Sie für Ihren Beleg jeweils die Zeilen im Text an und notieren Sie die ersten und die letzten drei Wörter des Zitats.
- Sollte der Textbeleg weniger als sechs Wörter umfassen, notieren Sie das ganze Zitat.
- Achten Sie stets darauf, wie viele Textbelege verlangt werden.

1. Marque la(s) frase(s) correcta(s) con una cruz (✗).

   - [x] El autor del texto enfrenta el modelo educativo de la inmersión lingüística al sistema bilingüe.
   - [ ] El autor del texto está en contra del modelo educativo de la inmersión lingüística.
   - [ ] El autor del texto tiene como objetivo presentar los inconvenientes de la libre elección de la lengua vehicular en las escuelas. **2**

2. Marque la solución correcta con una cruz (✗) y justifique su decisión con una cita del texto.

   El modelo educativo de Cataluña…

   - [ ] es apoyado por estudios internacionales.
   - [ ] niega a los padres el derecho de elegir la educación de sus hijos.
   - [x] es el único (con una sola excepción) en el que no es posible estudiar en el idioma oficial del país.

   Línea(s): 3-5 *Cita:* por ser el

   oficiale del Estado **2**

3. Marque con una cruz (✗) si la frase es verdadera (V) o falsa (F) y justifique su decisión con una cita del texto.

a) Los gobiernos autonómicos apoyan los idiomas oficiales. V ☐ F ☐

Línea(s): ______________ *Cita:* ______________________

____ 1

b) En la Primera Jornada por la Lengua Materna y el Bilingüismo se expuso la situación del castellano. V ☐ F ☐

Línea(s): ______________ *Cita:* ______________________

____ 1

c) Según la experta, la educación bilingüe corresponde mejor a la situación tal y como es en Cataluña. V ☐ F ☐

Línea(s): ______________ *Cita:* ______________________

____ 1

d) El objetivo de la sociedad bilingüe es que las personas hablen las dos lenguas. V ☒ F ☐

Línea(s): ______________ *Cita:* ______________________

____ 1

e) Cataluña está a favor de la enseñanza bilingüe, pero el catalán tiene más importancia. V ☐ F ☐

Línea(s): ______________ *Cita:* ______________________

____ 1

f) En el País Vasco, en teoría los estudiantes pueden aprender en español, pero en realidad las escuelas no les ofrecen esta posibilidad. V ☐ F ☐

Línea(s): ______________ *Cita:* ______________________

____ 1

Teil II.1: Análisis

10 VP Inhalt / 15 VP Sprache

Explique los objetivos de los partidarios y de los adversarios de la escuela bilingüe en Cataluña considerando la información dada en los dos textos.

Material B

Katalonien: Ein neuer Staat in Europa

04. 11. 2012 | von MARCELA VÉLEZ-PLICKERT (BARCELONA) (Die Presse)

Vor den vorgezogenen Regionalwahlen in Katalonien ist die Stimmung in Spanien aufgeheizt. Neben der tristen Wirtschaftslage hat das Land nun auch mit den Sezessionsbestrebungen des reichen Nordens zu kämpfen.

[....] Am 11. September zogen bis zu eineinhalb Millionen Menschen auf die Straße. Barcelona war in ein gelb-rotes Fahnenmeer getaucht. Regionalpräsident Artur Mas hat daraufhin eine politische Wende vollzogen und sich an die Spitze der Bewegung gestellt. Zuvor forderte er von Madrid lediglich einen „Fiskalpakt", der Kataloniens Zahlungen senken und ihm Steuerautonomie geben sollte, wie sie aus historischen Gründen das Baskenland genießt. Jetzt strebt Mas, der seit Herbst 2010 eine bürgerlich-nationalistische Regierung anführt, ein Unabhängigkeitsreferendum an. „Das ist jetzt nicht mehr zu stoppen", sagt er – und verweist auf das Beispiel Schottlands, wo in zwei Jahren über einen eigenen Staat abgestimmt wird.

Während der Franco-Diktatur wurden die katalanische und andere regionale Kulturen unterdrückt. Die Katalanen durften ihre Sprache in Schulen weder sprechen noch lehren. Nach dem Ende der Militärdiktatur 1978 erhielten sie ein Autonomiestatut, das ihnen mehr Eigenständigkeit gewährte. In der Krise fühlen sich die Katalanen jedoch bedroht: Die Zentralregierung unter Mariano Rajoy wolle ihnen Rechte nehmen. Die Klage über eine „Re-Zentralisierung" ist allgegenwärtig. Bei den vorzeitigen Neuwahlen kann Mas' Parteienkoalition Convergència i Unió auf Zugewinne hoffen. [...] *(177 palabras)*

Fuente: http://diepresse.com/home/wirtschaft/international/1308410/Katalonien_Ein-neuer-Staat-in-Europa © Die Presse Wien

Teil II.2: Redacción

10 VP Inhalt / 15 VP Sprache

Elija **uno** de los siguientes temas:

a) Imagine que usted es el hijo/la hija de una familia madrileña que se ha ido a vivir a Barcelona para un año. Escriba un mail a un amigo sobre su nueva vida y las dificultades en el instituto.

o

b) Interprete la viñeta en el contexto histórico y actual de España.

© *Tony Hall / cartoonstock.com*

Lösungsvorschläge

Teil I: Comprensión de texto

Hinweis: Beachten Sie, dass in den Aufgaben 1 und 2 mehrere Antworten möglich sind.

1. ☒ El autor del texto enfrenta el modelo educativo de la inmersión lingüística al sistema bilingüe.

   ☒ El autor del texto está en contra del modelo educativo de la inmersión lingüística.

   ☐ El autor del texto tiene como objetivo presentar los inconvenientes de la libre elección de la lengua vehicular en las escuelas.

2. El modelo educativo de Cataluña…

   ☐ es apoyado por estudios internacionales.

   ☒ niega a los padres el derecho de elegir la educación de sus hijos.
   ll. 2-3: «tanto por la […] de sus hijos»

   ☒ es el único (con una sola excepción) en el que no es posible estudiar en el idioma oficial del país.
   ll. 3-5: «el único lugar […] oficial del Estado»

3. a) Los gobiernos autonómicos apoyan los idiomas oficiales. V ☐ F ☒

ll. 11-12: «Los gobiernos autonómicos [...] cumplen las normas»

b) En la Primera Jornada por la Lengua Materna y el Bilingüismo se expuso la situación del castellano. V ☒ F ☐

ll. 18-21: «El objetivo del [...] oficial del país»

c) Según la experta, la educación bilingüe corresponde mejor a la situación tal y como es en Cataluña. V ☒ F ☐

ll. 29-31: «Así, Villarubias ha [...] menos en Cataluña»

d) El objetivo de la sociedad bilingüe es que las personas hablen las dos lenguas. V ☐ F ☒

ll. 31-33: «Una sociedad bilingüe [...] el que quiere»

e) Cataluña está a favor de la enseñanza bilingüe, pero el catalán tiene más importancia. V ☐ F ☒

ll. 37-39: «Sin embargo, el [...] educación en Cataluña»

f) En el País Vasco, en teoría los estudiantes pueden aprender en español, pero en realidad las escuelas no les ofrecen esta posibilidad. V ☒ F ☐

ll. 48-53: «En esta comunidad [...] como asignatura lingüística»

Teil II.1: Análisis

***Hinweis:** Hier handelt es sich um eine kombinierte Aufgabe mit Sprachmittlung. Legen Sie die Argumente der Gegner und die der Befürworter eines zweisprachigen Schulsystems in Katalonien dar. Analysieren und strukturieren Sie hierfür die Informationen, die Sie in den beiden vorliegenden Texten erhalten, also im spanischen ebenso wie im deutschen Text.*

En Cataluña existe un modelo de inmersión lingüística de forma obligatoria, es decir, no existe ninguna alternativa educativa que no sea en catalán. Este modelo no es, por tanto, bilingüe, sino que el catalán es la lengua en la que se imparten las clases, dejando al castellano como una asignatura más, a pesar de ser la lengua oficial de todos los españoles. La escuela bilingüe, por su parte, propone que ambas lenguas tengan la misma importancia en las aulas y en la educación.
Los grupos que apoyan este tipo de educación pretenden que el castellano sea también tenido en cuenta en Cataluña, ya que forma parte del territorio español. El castellano es el idioma oficial del país y es un idioma importante a nivel mundial, a diferencia del catalán. Además, en Cataluña no solo viven catalanohablantes, sino tam-

bién muchas personas que hablan el castellano. Por eso, los seguidores del modelo bilingüe destacan que este corresponde mejor con la realidad en la Comunidad autónoma. Se trata de un sistema inclusivo, es decir, un sistema que no excluye a nadie y que puede fomentar la competencia en dos idiomas a la vez.
El objetivo principal de los adversarios de la educación bilingüe y defensores de la inmersión lingüística es consolidar el idioma y con él su cultura y sus tradiciones. Durante el franquismo los catalanes no podían hablar su lengua ni aprenderla en la escuela. Por eso, hablar catalán es para ellos un importante signo de identidad. Pero hay que tener en cuenta también el trasfondo político de la discusión lingüística. Como los catalanes temen que la crisis económica lleve a una recentralización por parte del gobierno en Madrid, a pesar del Estatuto de Autonomía que recibió Cataluña después del fin de la dictadura, salen a la calle para demostrar que están unidos y que quieren ser independientes. Su objetivo es conservar sus derechos, lo que incluye su idioma, aunque eso signifique dejar de ser parte de España. El gobierno catalán apoya con sus normas no solo la inmersión lingüística, sino que también pasó de la reivindicación de la autonomía fiscal a la reivindicación de un referéndum que decida sobre la independencia de Cataluña. *(362 palabras)*

Teil II.2: Redacción

a) ***Hinweis:*** *In den beiden Texten haben Sie schon einige Informationen zum Unterricht in Katalonien erhalten und auch Ihr Hintergrundwissen wird Ihnen hier weiterhelfen. Stellen Sie sich vor, welche Probleme ein spanischsprachiger Schüler in Barcelona haben könnte und beschreiben Sie, wie es ihm ansonsten im alltäglichen Leben ergeht. Auch bei einer informellen E-Mail sollten Anrede und Verabschiedung nicht fehlen.*

Hola Juan:

¿Qué tal por Madrid? No te imaginas lo que os echo de menos.
Llevamos un mes aquí en Barcelona y ya conozco bastante bien la ciudad. Es una ciudad fantástica. Lo que llevo mal es el idioma. En la calle normalmente no tengo problemas porque la gente habla muy bien español, claro, son bilingües. El problema es en clase. Hace dos semanas empecé el instituto. Mis padres querían que fuera a uno donde las clases se dieran en español y tener el catalán como una asignatura más, como Lengua o Inglés. Sin embargo, aunque buscaron un montón, no encontraron ninguno. ¡Imagínate! ¡Tengo que estudiar en catalán y no sé casi nada de la lengua! Bueno, al menos entiendo algo en clase de castellano ;).
Solo nos quedaremos aquí este curso y después volveremos a Madrid. Por eso, para mí no tiene sentido estudiar en catalán. Tengo miedo de perder el año y tener que repetir curso en Madrid. No creo que pueda entender a los profesores ni escribir en catalán lo suficientemente bien para aprobar las asignaturas. En casa, mis

padres buscan una solución para este problema y de momento tengo un profesor particular de catalán.
No entiendo por qué tienen este sistema de «inmersión lingüística» y no existe la posibilidad de elegir la lengua en la escuela. La gente aquí es bilingüe y puede hablar en ambas lenguas o al menos entender las dos, no como yo... Supongo que también es por la situación política que se vive en Cataluña. Es cierto que hay mucha gente que quiere la independencia de España y salen a manifestarse para conseguirla. Pero realmente yo creo que hay también mucha gente a quien le gustaría seguir siendo parte del país.
En fin, ya te contaré cómo me van las cosas por aquí.

Un saludo para todos,

Daniel

(306 palabras)

b) ***Hinweis:*** *Der Operator „interprete" enthält auch eine Beschreibung des vorliegenden Cartoons. Stellen Sie nach der Beschreibung einen Zusammenhang her zwischen der Abbildung und der Rolle des Tourismus in Spanien. Dabei sollen Sie auf seine historische Entwicklung ebenso eingehen wie auf seine heutige Bedeutung. Vergessen Sie dabei nicht die Probleme, die der Massentourismus mit sich bringt und auf die auch der Cartoon anspielt (Zerstörung der Umwelt, Bausünden etc.).*

En la viñeta de Tony Hall se puede ver una playa llena de turistas, obviamente se trata de la temporada alta. Hay numerosas tumbonas y sombrillas. Algunos turistas están tomando el sol, otros están bañándose o dando un paseo. Al fondo hay varios edificios grandes y feos. Uno de los turistas está citando (en alemán) de una guía o de un folleto: «Aquí dice que es un pueblo de pescadores tranquilo y típico español».
El tema de esta viñeta es la explosión del número de turistas que han venido a veranear a las playas españolas en los últimos cuarenta años. España es uno de los lugares más visitados por los turistas europeos. Franceses, ingleses y alemanes, entre otros, acuden en masa para disfrutar de sus vacaciones en las costas españolas, atraídos por su clima, su naturaleza, su gastronomía y su forma de vida.
Todo comenzó a finales de los años sesenta y principios de los setenta. En esta época, España vivía bajo el régimen dictatorial de Franco (que duraría hasta 1975). Había una necesidad imperiosa de reactivar la maltrecha economía y por eso las fronteras se abrieron. Los primeros turistas, entre otros procedentes de los países nórdicos, llegaron a las costas mediterráneas en busca de sol y de lugares pintorescos que aún quedaban por descubrir. El turismo se convirtió rápidamente en uno de las principales fuentes de ingreso de la economía de este país. Los pueblos de pescadores fueron adaptándose a los nuevos tiempos. Crecieron rápidamente, sus habitantes abrieron negocios turísticos y la gente de los pueblos fue a la costa en busca de trabajo. La llegada de los turistas, con costumbres y lenguas tan diferentes a las españolas, significó también una evolución en la sociedad que llevaba demasiado tiempo aislada del exterior.

Por otro lado, el turismo de masas significa un deterioro de la naturaleza. Los turistas reclaman recursos (el agua, por ejemplo) que sufren un abuso constante, haciendo que el beneficio económico a veces no sea tan rentable. Además, muchos pueblos costeros se han transformado en grandes ciudades llenas de rascacielos construidos demasiado cerca de la playa, perdiendo así el encanto de antaño.

El turismo sigue siendo uno de los pilares de la economía española. Por eso, hay que buscar nuevos caminos. En los últimos años, en España se ha empezado a fomentar un turismo sostenible que preserva tanto el medio ambiente como la cultura local. Además, las oficinas de turismo intentan presentar a los turistas todas las facetas de la región que visitan ofreciendo excursiones culturales, caminatas, seminarios, etc. *(415 palabras)*

Baden-Württemberg
Spanisch – Übungsaufgabe 4

Material A

«El maestro» de Ana María Matute

Don Valeriano es el maestro en un pueblo. Un día estalla la Revolución. Los rebeldes llevan a Don Valeriano consigo porque necesitan un hombre de letras. Juntos entran en el palacio del Duque.

Había llegado, sin embargo, un día, una hora. El polvo, el fuego, girando y girando en torno al polvo y al fuego. Allá abajo ardían los libros y los santos del Duque. Y allí, sobre ellos, en la pared, estaba el gran cuadro fascinante. Levantó los ojos hacia él, una vez más. El cuadro parecía llenarlo todo. «Tal vez, si yo hubiera tenido un cuadro así... o lo hubiera pintado... quizá las cosas hubieran sido de otro modo», se dijo.

—Ahora, todas las cosas van a cambiar —dijo Gregorio—. ¿No bebes?

Tenía sed. No solía beber vino, pero ahora era distinto. Todo era distinto, de pronto. «Acaso le tenía yo miedo al vino...»

En aquel momento subió el Chato, y dijo:

—A ése le toca ahora —y señaló el cuadro.

—No, a ése no —dijo.

—¡Arrea! ¿Por qué?

—Porque no.

El Chato se le acercó:

—¿Pero eres tú de iglesia, acaso...? ¡Pues no la pisabas!

—No soy de iglesia, pero a ése no lo toques.

Gregorio se levantó, curioso. Se inclinó sobre la plaquita dorada del marco, deletreando torpemente. Y de improviso soltó la risa:

—¿No quieres que lo toque porque pone aquí: EL MAESTRO?

Sin saber cómo, le venía a la memoria una Cruz grande que sacaban cuando la sequía, tambaleándose sobre los campos. Un hombre llagado y lleno de sangre, y los cánticos de las viejas: «Dulce Maestro, Ten Piedad...». Era horrible, con su sangre y sus llagas. Pero no era por eso.

No, aunque allí pusiera —que bien lo sabía él, desde el tiempo en que lo miraba por la ventana— aunque allí dijera: EL MAESTRO.

Se estremeció, como cuando bajaba al río, con el viento. Y el hombre del cuadro estaba allí, también; tan inmensa, tan grandemente solo, con su mano levantada. Su cara pálida y delgada, los largos cabellos negros, los ojos oscuros que miraban siempre, siempre, se pusiera uno donde se pusiera...

—¿Porque eres tú también el maestro? —reía Gregorio, sirviéndose más vino del Duque. Él pensó: «¿Maestro? ¿Maestro de qué?».

Y entonces los vio, a los dos. Estaban los dos, El Chato y Gregorio, mirándole como las larvas de hombre, allí en la escuela húmeda. Con aquellos mismos ojos, cuando él decía: «La tierra gira alrededor del sol...». Ah, las burlas. Los incrédulos ojos campesinos, la gran inutilidad de las palabras. NECESITO GENTE COMO TÚ. Había estado soñando un día entero, un día entero.

—Dame anís... ¿No hay, acaso?

No, no había. Sólo vino. El Chato sacó un cuchillo y rasgó el cuadro de arriba abajo.

Tan tranquilo como cuando decía, sin un asomo de alegría: «Ja, ja, ja»; igual de tranquilo echó mano al fusil de Gregorio y le descerrajó a El Chato un tiro en el vientre. El Chato abrió la boca y, muy despacio, cayó de rodillas, mirándole, mirándole. Como una víbora, Gregorio saltó. Le detuvo, encañonándole. Y, de nuevo, aquellos ojos se le enfrentaban: los unos, moribundos, los otros, inundados de asombro, de ira, de miedo. Y gritó:

—¿No entendéis? ¿Es que no entendéis nada?

Gregorio hizo un gesto: tal vez quiso echar mano de una de aquellas dos granadas que exhibía puerilmente. (Como los muchachos con sus botes con lagartijas, renacuajos, endrinas; como los muchachos que no entienden, y están precozmente cansados, y nada quieren saber del sol y la tierra, de las estrellas y la niebla, del tiempo, de las matemáticas; como los muchachos que martirizan al diablo en los murciélagos, y arrojan piedras al maestro, escondidos en los zarzales; como los muchachos que ponen trampas, y hacen caer, y se burlan, y se ríen, y gimen bajo la vara; y queman el tiempo, la vida, el hombre todo, la esperanza...) Como ellos, allí estaban de nuevo frente a él los ojos de clavo, la mirada de negro asombro, salida de otro grande e interminable asombro que él no podía desvelar. Y dijo:

—Y toma tú, también, y dame las gracias.

Disparó contra Gregorio una, dos, tres veces. Arrojó el fusil, bajó la escalera y por la puerta de atrás, salió al campo. En medio de un grito solitario, escapó, huyó, huyó. Como había deseado huir, desde hacía casi veinticinco años. *(695 palabras)*

Fuente: Ana María Matute: «El maestro» en Ignacio Martínez de Pison: «Partes de la guerra», Editorial RBA, 2009, pp. 50-52

Wortangaben und Erläuterungen:

introducción	el duque:	*Herzog*
l. 19	torpemente:	con dificultad
l. 22	tambalearse:	moverse de un lado a otro, pareciendo que va a caer
l. 22	llagado/-a:	con llagas *(Geschwüre)*
l. 27	estremecerse:	sentir temor momentáneo o sobresalto en el ánimo
l. 42	el fusil:	un arma de fuego
l. 42	descerrajar:	(col.) disparar con un arma de fuego
l. 44	encañonar:	apuntar con un arma, dirigir un arma contra alguien
l. 49	puerilmente:	como un niño
l. 49	la lagartija:	*Eidechse*
ll. 49-50	el renacuajo:	*Kaulquappe*
l. 50	la endrina:	ciruela silvestre

l. 52	el murciélago:	*Fledermaus*
l. 53	el zarzal:	arbusto espinoso *(Dornbusch)*
l. 54	la vara:	un palo largo y delgado

Teil I: Comprensión de texto

10 VP Inhalt

Arbeitsanweisungen:

- Notieren Sie jeweils die korrekte Lösung und, falls verlangt, einen Textbeleg.
- Geben Sie für Ihren Beleg jeweils die Zeilen im Text an und notieren Sie die ersten und die letzten drei Wörter des Zitats.
- Sollte der Textbeleg weniger als sechs Wörter umfassen, notieren Sie das ganze Zitat.
- Achten Sie stets darauf, wie viele Textbelege verlangt werden.

Marque con una cruz (✗) si la frase es verdadera (V) o falsa (F) y justifique su decisión con una cita del texto.

a) En el palacio lo que más le interesaba a Don Valeriano era el cuadro. V ☐ F ☐

Línea(s): ______________ *Cita:* ____________________

____ 1

b) El maestro era un hombre poco religioso. V ☐ F ☐

Línea(s): ______________ *Cita:* ____________________

____ 1

c) A Gregorio y a El Chato el cuadro les recordaba un motivo religioso. V ☐ F ☐

Línea(s): ______________ *Cita:* ____________________

____ 1

d) Don Valeriano no quería que destruyeran el cuadro porque era un maestro como él. V ☐ F ☐

Línea(s): ______________ *Cita:* ____________________

____ 1

V F

e) Gregorio y El Chato habían sido sus alumnos. ☐ ☐

Línea(s): ________________ *Cita:* ________________________

____ 1

V F

f) En el pueblo se respetaba y admiraba los conocimientos del maestro. ☐ ☐

Línea(s): ________________ *Cita:* ________________________

____ 1

V F

g) Cuando El Chato rompió el cuadro fue motivo de alegría para Don Valeriano ☐ ☐

Línea(s): ________________ *Cita:* ________________________

____ 1

V F

h) Gregorio mató a El Chato para castigarlo. ☐ ☐

Línea(s): ________________ *Cita:* ________________________

____ 1

V F

i) Gregorio le recuerda a Don Valeriano a todos los chicos que ha enseñado inútilmente. ☐ ☐

Línea(s): ________________ *Cita:* ________________________

____ 1

V F

j) Gregorio quiere fusilar a Don Valeriano, pero este huye al campo. ☐ ☐

Línea(s): ________________ *Cita:* ________________________

____ 1

Teil II.1: Análisis — 10 VP Inhalt / 15 VP Sprache

Compare a Don Valeriano con algún personaje de una obra literaria que conozca. Refiérase a su actitud frente a su profesión/a sus alumnos.

Elija **uno** de los siguientes temas:

a) Don Valeriano tiene que responder ante la ley por sus actos. Desde la perspectiva de Don Valeriano, explica a su abogado en una carta las razones por las que reaccionó de ese modo y cómo se siente ahora. Redacte la carta.

o

b) Interprete la viñeta del dibujante Eneko en el contexto político histórico y actual de España.

Fuente: Eneko, http://www.20minutos.es/vineta/eneko/1492 /0/la-transicion/, lizenziert unter Creative Commons (CC BY-NC-SA 3.0)

Lösungsvorschläge

Teil I: Comprensión de texto

Hinweis: Der Stil von Ana María Matute ist anspruchsvoll, aber Sie sind damit durch ihre Erzählung „El hermoso amanecer", die zum literarischen Schwerpunktthema „Vivir en tiempos difíciles" gehört, bereits vertraut.
Lesen Sie den Text einmal sorgfältig durch. Suchen Sie dann zum Lösen der Verständnis-Aufgaben im Text nach Schlüsselwörtern, die Ihnen helfen können. Achten Sie zum Beispiel auf Begriffe, die auch in der Aufgabenstellung vorkommen, oder auf Wörter aus der gleichen Familie, auf Synonyme oder Antonyme. Bei Teilaufgabe 1 a könnten Sie zum Beispiel suchen nach „cuadro", „pintura" oder „obra" in Verbindung mit „interesar", „gustar" oder „fascinar"; bei Teilaufgabe 1 b nach „religioso", „religión", „iglesia", „Dios" etc.

	V	F
a) En el palacio lo que más le interesaba a Don Valeriano era el cuadro.	☒	☐

ll. 2-4: «Y allí, sobre […] parecía llenarle todo»

	V	F
b) El maestro era un hombre poco religioso.	☒	☐

l. 17: «No soy de iglesia»

	V	F
c) A Gregorio y a El Chato el cuadro les recordaba un motivo religioso.	☐	☒

ll. 21-22: «Sin saber cómo […] lleno de sangre»

	V	F
d) Don Valeriano no quería que destruyeran el cuadro porque era un maestro como él.	☐	☒

ll. 24-26: «Pero no era […] dijera: EL MAESTRO»

	V	F
e) Gregorio y El Chato habían sido sus alumnos.	☒	☐

ll. 33-34: «Estaban los dos […] la escuela húmeda»

	V	F
f) En el pueblo se respetaba y admiraba los conocimientos del maestro.	☐	☒

ll. 35-36: «Ah, las burlas […] de las palabras»

	V	F
g) Cuando El Chato rompió el cuadro fue motivo de alegría para Don Valeriano.	☐	☒

l. 41: «Tan tranquilo como […] asomo de alegría»

	V	F
h) Gregorio mató a El Chato para castigarlo.	☐	☒

ll. 42-43: «echó mano al […] en el vientre»

		V	F
i)	Gregorio le recuerda a Don Valeriano a todos los chicos que ha enseñado inútilmente.	☒	☐

ll. 49-57: «Como los muchachos [...] no podía desvelar»

		V	F
j)	Gregorio quiere fusilar a Don Valeriano, pero este huye al campo.	☐	☒

ll. 59-60: «Disparó contra Gregorio [...] salió al campo»

Teil II.1: Análisis

Hinweis: *Als Vergleichsmöglichkeiten bieten sich hier Don Gregorio aus „La lengua de las mariposas" von Manuel Rivas und/oder Don Celes aus „La purificación" von José Jiménez Lozano an. Legen Sie dar, welche Gemeinsamkeiten und Unterschiede sich in der Haltung von Don Gregorio, Don Celes und Don Valeriano gegenüber ihrem Beruf und ihren Schülern zeigen.*

Don Valeriano se podría comparar p. ej. con Don Gregorio en el cuento de Manuel Rivas «La lengua de las Mariposas» o con Don Celes en «La purificación» de José Jiménez Lozano. Todos son maestros de pueblo que se enfrentan de una u otra manera a un conflicto (la Guerra Civil). Pero mientras que Don Valeriano ha perdido la esperanza y el respeto por su profesión, Don Gregorio ama ser profesor y le importa la relación con sus alumnos. Siente la necesidad de compartir y llevar ciencia a la escuela del pueblo (p. ej. espera el microscopio para ver la lengua de las mariposas). En cambio, Don Valeriano ve en los ojos de sus alumnos y de los habitantes del pueblo solo la ignorancia y la incredulidad de sus semejantes. No es respetado por la gente del pueblo (ll. 35-36). Don Celes también ama su profesión, hasta el punto de dejar sus creencias políticas a un lado y ofrecer sumisión para poder conservar su puesto de trabajo.
Otro punto para comparar a los tres profesores sería el trato a los alumnos. Al contrario que los maestros de las dos obras literarias mencionadas, Don Valeriano usa la fuerza de la violencia (l. 54). Paralelamente siente un desprecio absoluto por ellos (los llama «larvas de hombre», l. 34).
Como último punto, se puede mencionar que en los tres casos las ideas políticas de los personajes son similares. Están en contra de los ricos y poderosos. Cada uno ha afrontado sus ideales de diferente manera: Don Gregorio no lo oculta directamente, no es oficial, pero se sabe; Don Celes ha sido «purificado» y Don Valeriano parece haber olvidado sus ideales en los últimos 25 años hasta que llegaron los rebeldes y le dijeron que le necesitaban.

(297 palabras)

a) ***Hinweis:*** *Halten Sie sich an die formalen Anforderungen beim Schreiben eines Briefes (Anrede, Verabschiedung). Im Spanischen folgt auf die Anrede ein Doppelpunkt und das nächste Wort beginnt mit einem Großbuchstaben.*
Erklären Sie in Ihrem Brief aus Don Valerianos Perspektive, wie es möglich war, dass er sich zu solchen Taten hinreißen ließ. Berücksichtigen Sie dabei seine allgemeine Frustration, seine anfängliche Begeisterung darüber, bei der Revolution dabei zu sein („Había estado soñando un día entero", Z. 37) und seine Faszination für das große Gemälde im Palast. Erklären Sie zudem in einem einleitenden Satz, aus welchem Grund Sie diesen Brief verfassen, und schließen Sie mit einem Appell.

Estimado Señor:

Seguramente ya conocerá los acontecimientos ocurridos por la información de los guardias que me capturaron en el campo. Como la exposición de lo ocurrido no será muy favorable para mí, le escribo esta carta para que comprenda mejor mis actos.
Yo fui maestro en la escuela de este pueblo perdido en el campo. Alejado, aislado de toda ciencia y del desarrollo del mundo. No soy hombre de iglesia, pero sí de letras y libros. Cuando llegué al pueblo, vine con todos mis deseos y ganas de educar a los campesinos de este lugar. Quería enseñar a los niños todo lo que había aprendido en mis años de estudio.
Lo que me encontré durante este tiempo fue a campesinos incrédulos ante la ciencia, pero con creencias populares sin fundamento científico. ¡Que los murciélagos son los demonios! ¿Cómo pueden creer eso y no creer que la tierra gira? Mis alumnos eran muchachos que no querían que les enseñasen nada nuevo, no querían aprender, no respetaban al maestro, al saber.
Por un momento, por un día, pensé que las cosas podían ser diferentes. Era una revolución, el cambio. Entramos en el palacio del Duque. Entonces fue cuando el Chato quiso destruir aquel cuadro que tantas veces había mirado por la ventana. En ese momento una fuerza interior me hizo disparar a los hombres, con la tranquilidad que me caracterizaba. Reaccioné de este modo porque me di cuenta de que era lo único que podía hacer. Con este gesto les quise liberar de su vida sin esperanza, sin respeto al conocimiento, sin valor… una vida sin sentido.
Después de matar a los hombres me sentí libre. Huí de aquel lugar como quería haber hecho desde que llegué, desde hacía veinticinco años de mi vida.
Espero que comprenda ahora mejor mis razones para haber actuado así y deseo que mi carta le sirva para preparar mi defensa con mayor facilidad.

Reciba un cordial saludo,

Valeriano Cortés *(323 palabras)*

b) *Hinweis: Beschreiben und interpretieren Sie die vorliegende viñeta mithilfe Ihres Hintergrundwissens zur spanischen Geschichte und Gegenwart. Konkret geht es um die Frage nach dem Umgang mit der Vergangenheit (Verbrechen während Bürgerkrieg und Franquismus in Spanien). Während der* Transición *wurde um der Versöhnung willen beschlossen, die Vergangenheit ruhen zu lassen. Im Laufe der Jahre wurden die Rufe nach einer Aufarbeitung der Geschehnisse jedoch immer lauter. Legen Sie diese Zusammenhänge dar und gehen Sie dabei zum Beispiel auf die „Ley de Memoria Histórica" ein.*

La viñeta del dibujante Eneko, publicado en «20minutos.es», muestra a dos hombres que se están abrazando mientras que pisan un esqueleto enterrado debajo de ellos. Arriba, se puede leer «La Transición»; abajo, «Víctima del Franquismo», con una flecha que señala al esqueleto.
Durante la Guerra Civil española (1936-1939) hubo grandes injusticias (fusilamientos y torturas). Al terminar la guerra y ganar el ejército nacional, asumiendo la dirección del país el militar Francisco Franco, continuaron los abusos contra las personas que tenían una ideología diferente a la de los vencedores.
Tras la muerte de Franco en 1975, España emprendió un nuevo camino de libertad dejando atrás uno de los periodos más oscuros de su historia. Durante la llamada Transición, entre la dictadura y la democracia, se tomó la decisión de olvidar los crímenes cometidos para que los españoles se reconciliaran y España se convirtiera en un país democrático. Con su viñeta, el dibujante Eneko se refiere a esta decisión que, en la opinión de muchos, desde el principio ha impedido una verdadera reconciliación.
Poco a poco, los españoles empezaron a reclamar los derechos de las víctimas. Querían saber dónde y cómo habían muerto padres y abuelos y deseaban que fueran enterrados con los suyos. La llamada de los hijos y nietos fue por fin escuchada y plasmada en una ley, en 2007, bajo el gobierno socialista de José Luis Rodríguez Zapatero. La llamada Ley de la Memoria Histórica vino a rectificar la falta de justicia de la Transición. Esta ley llegó creando una gran controversia en el pueblo español. Las voces a favor y en contra se alzaban en casi igual medida. Bajo la gran polémica se empezaron a buscar y a abrir fosas comunes. Miles de cuerpos fueron identificados pero con la llegada al poder del gobierno del Partido Popular, aunque no se aboliera la ley, simplemente no se le concedió ningún presupuesto a las Comunidades Autónomas. Por eso hoy, si alguien quiere seguir con la búsqueda tiene que hacerlo de forma privada y las trabas legales se han hecho mucho mayores que antes. *(346 palabras)*

Material A

«En salvaje compañía» de Manuel Rivas

Misia vive en un lugar de A Coruña, Galicia. Ella le cuenta su pasado a una vecina del pueblo.

Me contaron que mi padre vio desde la galería de la Marina cómo un grupo de militares colocaba las piezas de artillería en el Parrote.

Cuando comenzaron a cañonear el Gobierno Civil, a poca distancia de la casa, él se puso a escuchar música clásica. Al ir para convencerlo de que había que buscar un lugar más seguro, lo encontraron sin vida, hundido en la butaca, con la aguja rayando en el silencio, entre explosiones. Se le rompió el corazón. Llevaba tiempo diciendo que algo terrible iba a pasar. Le había cambiado el humor y no hacía más que ver en las cosas malos presagios, pero todos atribuían ese estado de ánimo a la muerte de mamá, de la que no conseguía sobreponerse. Lo de ir yo a Londres fue, en un principio, empeño suyo. En la naviera trataba mucho con los ingleses y además, claro, estaba Gondar, su hermano, que desde la juventud trabajaba allí. De vivir mamá, tal atrevimiento sería impensable, por más que existiese Gondar. En aquel tiempo, una joven de buena familia nunca viajaría sola y menos a un lugar que aún resultaba extraño y apartado. Pero, por raro que parezca, papá salió del abatimiento con los preparativos de mi marcha. Parecía que era él mismo quien iba a cumplir un sueño. Programó la despedida convirtiéndose en un acontecimiento festivo, y me contagió de tal manera que me libró de toda preocupación. No hubo dramatismo ni siquiera cuando embarqué. Volvería en un año, todo lo más tardar. El mío era un viaje con retorno, con regalos a la ida y a la vuelta. Recuerdo que aquel mismo día, en el puerto, la explanada de Aduanas estaba llena de emigrantes que iban camino de América, acampados por parroquias con sus toscos baúles, maletas de cartón o simples atillos con un poco de ropa. [...] Era la primera vez que yo veía algo así. Escuchando a papá, me había familiarizado desde niña con el mapa de las ciudades del otro mundo, con sus nombres bailarines como La Habana, Caracas, Santos, Río de Janeiro, Montevideo o Buenos Aires. Sabía que casi todos los días salían barcos con esos destinos. Paseaba siempre a pocos metros de allí, por los jardines de Méndez Núñez, y nunca había asociado a aquellos aldeanos que acarreaban bultos con un viaje a América, que yo representaba en la imaginación como una expedición de aventureros. Por eso, aquel día, cuando atravesé la explanada de Aduanas, observada en silencio por aquel gentío campesino, cogida al brazo de mi padre y asistida por gente que nos llevaba el equipaje, tuve la sensación de estar en un puerto extranjero, lleno de extras salidos de los momentos menos chistosos de las películas de Charlot que yo iba a ver en el cinematógrafo del Kiosko Alfonso, muy cerca de allí. ¡Qué contenta estaba ahora de ser diferente, de llevar un lindo vestido, de ir en dirección contraria [...]!

¡A mí me esperaba Gondar! Nunca lo había visto, no lo conocía, pero tenía de él una especie de talismán, un manojo de postales que me había ido enviando, también de otros países que él visitó, imágenes de Ámsterdam, Berlín, Praga, Lucerna, Viena, Venecia… Gondar era para mí como un ser mágico que se movía en un cosmorama, sobre un fondo de muelles, tulipanes, cisnes, catedrales, museos, terrazas de hoteles con toldos blancos al lado de lagos azulísimos, cafés de grandes espejos y plazas concebidas como ombligos del mundo. Cada estampa que me llegaba era como un reclamo hechicero. […]

Llegué a Londres en los primeros días de 1936. Fue ciertamente como entrar en un cuento. Gondar resultó ser un hombre garrido y divertido y un tío protector, la compañía ideal para aquella jovencita que quería ser mujer sin dejar de ser niña. Vivía en una hermosa casa de ladrillo y porche de madera blanca, en un barrio elegante, el de Mayfair, que en aquellos días luminosos de verano parecía una rosaleda, un jardín encantado. Para mí sería para siempre la casa de la haya de cobre, un gran árbol que llamaba a lo lejos con su enorme copa de abermejado oro. Al poco de llegar, cuando aún andaba asombrada, tanteando, como mariposa recién salida de la crisálida, allí supe que había estallado una guerra en España y que papá murió de pena. Y en muchos años no quise saber nada de lo que había dejado atrás. España me parecía una palabra cruel. […] *(734 palabras)*

Fuente: Manuel Rivas, «En salvaje compañía», 1994 © Santillana Ediciones Generales, S. L.

Wortangaben und Erläuterungen:

l. 5	la butaca:	el sillón cómodo
l. 5	la aguja:	*Nadel*
l. 8	el presagio:	señal que indica que algo va a pasar
l. 10	el empeño:	algo que se quiere con mucho interés
l. 10	la naviera	*Reederei*
ll. 11-12	el atrevimiento:	acción fuera de la norma
l. 14	el abatimiento:	la tristeza, la pena
ll. 19-20	la explanada de Aduanas:	*etwa: Zollpassage*
ll. 20-21	acampados por parroquias:	la gente se ha instalado temporalmente, dividida según los lugares de donde vienen
l. 21	tosco/-a:	fino/-a, delicado/-a
l. 21	el baúl:	caja grande p. ej. de madera *(Truhe)*
l. 21	el atillo:	tela atada para llevar p. ej. ropa
l. 27	el aldeano:	el habitante de pueblo, el campesino
l. 27	acarrear bultos:	*Gepäckstücke schleppen*
l. 29	el gentío:	la gente
l. 36	el manojo:	grupo de algo
l. 38	el cosmorama:	aparato para ver las cosas más grandes por una cámara oscura
l. 39	el cisne:	*Schwan*
l. 40	el toldo:	*Markise*
l. 41	el ombligo:	*Nabel*
l. 41	la estampa:	foto típica
l. 42	hechicero/-a:	que atrae, que es mágico/-a
l. 44	garrido/-a:	guapo/-a, fuerte
l. 46	el porche	*Veranda*

l. 48	el haya:	*Buche*
l. 49	abermejado/-a:	rubio/-a, rojizo/-a
l. 50	asombrado/-a:	sorprendido/-a
l. 51	la crisálida	*Puppe*

Teil I: Comprensión de texto — 10 VP Inhalt

Arbeitsanweisungen:

- Notieren Sie jeweils die korrekte Lösung und, falls verlangt, einen Textbeleg.
- Geben Sie für Ihren Beleg jeweils die Zeilen im Text an und notieren Sie die ersten und die letzten drei Wörter des Zitats.
- Sollte der Textbeleg weniger als sechs Wörter umfassen, notieren Sie das ganze Zitat.
- Achten Sie stets darauf, wie viele Textbelege verlangt werden.

1. Marque la solución correcta con una cruz (✗) y justifique su decisión con una cita del texto.

   El padre de la protagonista murió por…

   ☐ una bala perdida.

   ☐ la pena de haber perdido a su mujer.

   ☐ la tristeza de ver empezar una guerra.

   Línea(s): ______________ *Cita:* ____________________

   ____ 1

2. Complete la frase con sus propias palabras. Justifique su respuesta con una cita del texto.

   La protagonista se fue a Londres aunque su madre ______________

   ____

   porque ______________________________________

   ____

   Línea(s): ______________ *Cita:* ____________________

   ____ 1

3. Marque con una cruz (✗) si la frase es verdadera (V) o falsa (F) y justifique su decisión con una cita del texto.

V F

a) Fue el padre de la protagonista el que organizó todo el viaje. ☐ ☐

Línea(s): ____________ *Cita:* ____________________

____ 1

V F

b) El viaje de Misia era para siempre. ☐ ☐

Línea(s): ____________ *Cita:* ____________________

____ 1

4. Marque la solución correcta/las soluciones correctas con una cruz (✗) y justifique su decisión con una cita del texto.

a) Los emigrantes que vio Misia en el puerto…

☐ eran pobres y tenían pocas cosas.

☐ le parecían muy aventureros.

☐ no eran como ella se los había imaginado.

Línea(s): ____________ *Cita:* ____________________

____

Línea(s): ____________ *Cita:* ____________________

____ 2

b) La persona que esperaba a la protagonista…

☐ la fascinaba porque había visitado muchos lugares interesantes y lejanos.

☐ la conocía desde pequeña.

☐ le escribía largas cartas.

Línea(s): ____________ *Cita:* ____________________

____ 1

5. Marque con una cruz (✗) si la frase es verdadera (V) o falsa (F) y justifique su decisión con una cita del texto.

   a) En Londres, Misia no se llevaba bien con su tío. V ☐ F ☐

   Línea(s): ____________ *Cita:* ____________________

   ____ 1

   b) Tenía mucha nostalgia de España. V ☐ F ☐

   Línea(s): ____________ *Cita:* ____________________

   ____ 1

Teil II.1: Análisis

10 VP Inhalt / 15 VP Sprache

Analice los acontecimientos vividos por la protagonista del texto y por su familia y relaciónelos con lo que sepa de lo sucedido en aquella época. Compare los resultados con otra obra literaria que haya leído en la clase de español.

Teil II.2: Redacción

10 VP Inhalt / 15 VP Sprache

Elija **uno** de los siguientes temas:

a) Imagine que la protagonista vuelve de Londres a finales de los años sesenta, y le escribe a un amigo inglés/una amiga inglesa sobre las diferencias entre la vida en Londres y en España. Redacte la carta teniendo en cuenta el trasfondo político y social tanto como los sentimientos y deseos de Misia.

o

b) El español o castellano se extiende por la mayoría de los países de América Latina. Comente la (no-)influencia de España en este continente a través de un país hispanohablante.

Lösungsvorschläge

Teil I: Comprensión de texto

Hinweis: *Suchen Sie zum Beantworten der Aufgaben im Text nach Schlüsselwörtern und denken Sie daran, dass Sie einen Textbeleg nennen müssen, wenn dieser in der Aufgabenstellung gefordert wird. Die Antwort kann ansonsten nicht gewertet werden, auch wenn Sie richtig ist.*

1. El padre de la protagonista murió por…

   ☐ una bala perdida.

   ☐ la pena de haber perdido a su mujer.

   ☒ la tristeza de ver empezar una guerra.
   ll. 3-6: «Cuando comenzaron a […] rompió el corazón»

2. La protagonista se fue a Londres aunque su madre **hubiera estado en contra** porque **normalmente/en aquella época las jóvenes de buena familia no viajaban solas**.

   ll. 11-13: «De vivir mamá […] nunca viajaría sola»

3. a) Fue el padre de la protagonista el que organizó todo el viaje. — V ☒ F ☐
   ll. 14-15: «papá salió del […] de mi marcha»

   b) El viaje de Misia era para siempre. — V ☐ F ☒
   l. 18: «Volvería en un […] a más tardar»

4. a) Los emigrantes que vio Misia en el puerto…

   ☒ eran pobres y tenían pocas cosas.
   ll. 19-22: «la explanada de […] poco de ropa»

   ☐ le parecían muy aventureros.

   ☒ no eran como ella se los había imaginado.
   ll. 26-28: «nunca había asociado […] expedición de aventureros»

b) La persona que esperaba a la protagonista…

☒ la fascinaba porque había visitado muchos lugares interesantes y lejanos.

ll. 38-41: «Gondar era para […] ombligos del mundo»

☐ la conocía desde pequeña.

☐ le escribía largas cartas.

5. a) En Londres, Misia no se llevaba bien con su tío. V ☐ F ☒

ll. 44-45: «Gondar resultó ser […] de ser niña»

b) Tenía mucha nostalgia de España. V ☐ F ☒

ll. 52-53: «en muchos años […] una palabra cruel»

Teil II.1: Análisis

***Hinweis:** Bei dieser Aufgabe sollen Sie die Ereignisse in Misias Familie vor dem Hintergrund der damaligen Zeit analysieren. Die Jahreszahl in Zeile 43 des Textes belegt eindeutig, dass sich die Handlung vor dem Ausbruch des spanischen Bürgerkrieges abspielt. Stellen Sie Verbindungen her zwischen dem vorliegenden Text und den politischen, wirtschaftlichen und gesellschaftlichen Gegebenheiten während der Zweiten Republik (zum Beispiel die sozialen Unterschiede und deren Folgen). Als Vergleichsmöglichkeit bietet sich die Kurzgeschichte „Terciopelo robado" von Elena Pita an, in der es ebenfalls um die Auswanderung einer jungen Spanierin geht, jedoch unter anderen Voraussetzungen. Legen Sie Gemeinsamkeiten und Unterschiede zwischen den Texten dar und geben Sie dabei systematisch vor.*

La época en la que se desarrolla la historia es el tiempo antes de que estallara la Guerra Civil española. En aquel entonces mucha gente emigraba a América, por razones económicas, principalmente (como los campesinos en el fragmento de novela), pero también por razones políticas.
En el texto, se reflejan claramente las diferencias sociales de aquella época. Misia, la protagonista, sale a Europa para hacer un viaje en otras circunstancias: es de una clase social elevada (ll. 33-34), se va solamente por un año (l. 18) como máximo y en Londres la espera su tío (ll. 10-11). A diferencia de Misia, los campesinos que van con sus pocas cosas en maletas baratas (ll. 20-22) emigran probablemente para siempre. Buscan fortuna en el extranjero porque no ven perspectiva en España.
La Guerra Civil explotó en el año 1936 con el alzamiento de los grupos nacionales contra la República. El padre de la protagonista muere de pena al darse cuenta de que la guerra ha comenzado (ll. 3-6). No se sabe nada de sus ideas políticas. Se puede suponer que es de derechas ya que es un hombre rico (Misia es «una joven de buena fa-

milia», ll. 12-13), pero obviamente es pacifista. Misia se entera de la muerte de su padre en Londres y durante muchos años no quiere ni pensar en España (ll. 52-53).
Al igual que Misia, después de la Guerra Civil muchos españoles se quedaron en el extranjero porque no podían o no querían regresar a España donde había empezado la dictadura de Franco. Este periodo duró hasta el año 1975.
En el relato «Terciopelo robado» de Elena Pita se pueden encontrar ciertos paralelismos con el fragmento de «En salvaje compañía». En ambos textos se habla de la emigración de una joven española: Ofelia de «Terciopelo robado» emigra a Suiza para encontrar trabajo, Misia va a Londres.
La situación de las dos emigrantes, sin embargo, es completamente opuesta. Misia no se va a trabajar. En Londres le esperan su tío y una casa confortable (ll. 44-47). Además, al principio tiene la intención de volver pronto a España (l. 18), pero luego no regresa a causa de la Guerra Civil (ll. 51-53). A diferencia de esto, Ofelia se va sola, en busca de un futuro mejor. No quiere, pero tiene que regresar a Galicia (la tierra que ambas comparten) por la muerte de su hermana.
También es diferente el momento de la emigración. Misia va a Londres en 1936. No sabemos exactamente cuándo emigra Ofelia, pero se puede suponer que se trata de los años 50 ó 60, puesto que muchas otras mujeres de su región ya están en Suiza para trabajar allí. *(445 palabras)*

Teil II.2: Redacción

a) ***Hinweis:*** *Halten Sie sich bei dieser kreativen Schreibaufgabe an die formalen Anforderungen eines Briefes (Anrede, Verabschiedung). Beachten Sie, dass im Spanischen auf die Anrede ein Doppelpunkt folgt und das nächste Wort mit einem Großbuchstaben beginnt. Schildern Sie im Brief aus Misias Perspektive, wie ihr Leben in London war und wie es ihr nun in ihrem galizischen Heimatort geht, den sie vor Jahren verlassen hatte. Nutzen Sie die Informationen aus dem Text, berücksichtigen Sie die politischen und sozialen Umstände und versuchen Sie, sich in die Person hineinzufühlen.*

Querida Janet:

Hace mucho tiempo que no te escribo. Ya sabes que desde hace unos años vivo de nuevo en Galicia, en la casa de mi familia. Después de tanto tiempo en Londres tuve la necesidad de volver. Lo que me he encontrado es un país muy diferente al que dejé aquí en mi juventud. La guerra la ganaron los nacionalistas, ya lo sabes, por lo que la libertad cultural y las igualdades sociales han desaparecido.
La vida en Londres era un sueño. La casa de mi tío era un paraíso, la gente a la que conocía era muy interesante, hablaba inglés casi todo el tiempo… la libertad que se respiraba en Inglaterra no existe aquí. Hay un control aún muy fuerte, sobre todo si tienes ideas políticas diferentes o si vienes del extranjero como yo. Sin embargo, en los últimos años las cosas se han modernizado. Se han abierto las fronte-

ras y hay turismo en nuestras costas. En el pueblo se han ido muchos a Suiza y a Alemania a trabajar o a la ciudad porque en el campo no hay futuro. La tierra no da lo suficiente y la gente quiere que sus hijos tengan un futuro mejor, que estudien o tengan un trabajo menos esclavo que el campo. Tan solo yo me he quedado aquí y aún no sé por qué… quizá vuelva a Londres algún día o quizá te gustaría conocer estas tierras del norte de España.
Espero que me contestes pronto y que tú y tu familia estéis bien.

Un abrazo,

Misia *(257 palabras)*

b) ***Hinweis:*** *Erläutern Sie hier die Gründe, warum Spanisch heute in vielen Ländern Lateinamerikas die Hauptsprache ist. Gehen Sie dabei auf den spanischen Kolonialismus ein. Nennen Sie als konkretes Beispiel ein lateinamerikanisches Land Ihrer Wahl und legen Sie dabei dar, wie weit der Einfluss des Spanischen dort reicht (ist es zum Beispiel die einzige offizielle Sprache? Von wem wird es hauptsächlich gesprochen?).*

Desde la llegada a América de Cristóbal Colón, el español o castellano pasó a convertirse a lo largo de los siglos en el idioma oficial de casi toda América Latina, exceptuando Brasil, que fue colonizada por los portugueses. (En Surinam, Guayana Francesa, Belice y algunas islas caribeñas tampoco se habla español).
Los españoles llegaron a las costas americanas pensando que habían llegado a la India. A pesar de la presión que ejercieron sobre los indios nativos de las «nuevas tierras descubiertas», muchas costumbres e idiomas ancestrales sobrevivieron a la colonización española. Es esta la razón por la que el castellano es el idioma común en tantos países latinoamericanos y comparte oficialidad con otros ancestrales como el quechua, el aimara y el guaraní, por ejemplo.
En el caso del Perú, existe un gran uso de estas lenguas indígenas, principalmente el quechua, siendo el aimara una lengua bastante minoritaria. Las lenguas indígenas se hablan principalmente en los lugares más rurales y alejados de la ciudad. Normalmente los campesinos pueden hablar también castellano, pero en otros casos puede ser que tan solo puedan comunicarse en su lengua nativa. No así en las ciudades, donde el castellano tiene el monopolio a nivel de uso.
Hoy en día se les está intentando dar el valor y el lugar que se merece a las lenguas indígenas, fomentando su aprendizaje en las nuevas generaciones. El objetivo es la convivencia pacífica de todos los idiomas que identifican al pueblo latinoamericano. *(243 palabras)*

Material A

«Vigilados: la tecnología registra cada vez más nuestros pasos»

Por Franco Varise | La Nación | 27 de diciembre de 2012

Para algunos, es una herramienta valiosa contra la inseguridad. Para otros, la evidencia de que vivimos en la era de Gran Hermano y que a cada paso que damos dejamos detrás una huella digital inapelable.

En un reflejo de este debate, por primera vez la Cámara del Crimen tomó la información registrada en la tarjeta SUBE como prueba para el procesamiento de un hombre acusado de robar un teléfono celular en un colectivo. La noticia puede ser positiva, pero encierra interrogantes que trascienden el caso. ¿Hasta dónde llega el derecho del Estado a registrar los movimientos de los ciudadanos? ¿Qué otras tecnologías de uso cotidiano conservan información que sólo debería pertenecer a la esfera privada?

«Cuando se impulsó la SUBE advertimos mucho sobre el hecho de que no es anónima y que los datos están ligados a una persona, de la que puede reconstruirse un patrón de movimiento. Cada vez que alguien toma un colectivo, un subte o un tren queda registrado y esa información puede cruzarse con otra. Están armando un sistema de vigilancia», dijo a LA NACIÓN Beatriz Busaniche, de la Fundación Vía Libre, que trabaja en la denuncia y preservación de los derechos civiles en ámbitos en los que intervienen las nuevas tecnologías.

Para Busaniche, la polémica sobre el uso de la información sobre la tarjeta SUBE habría que analizarlo en un contexto singular. «Este Estado es bastante invasivo en muchos aspectos, y ahora posee la información acerca de cómo se mueven las personas. Esto les posibilita desarrollar un panóptico general de la sociedad.» Cuando el Gobierno anunció la tarjeta SUBE, hace casi un año, las largas filas de personas que entregaban sus datos para obtener el plástico monopolizaron la atención. […]

En realidad, resulta bastante habitual que todos proporcionemos sin percatarnos datos personales que formarán parte de muchas bases de datos. Las tarjetas de descuento de los supermercados, las de crédito y otros beneficios son parte del mismo proceso. Incluso cuando alguien es fotografiado al ingresar a un edificio consiente un dato que, según la ley 23 326 de protección de datos personales, debería borrarse de los registros una vez que la persona abandona el sitio (algo incomprobable en la mayoría de los casos).

A poco de lanzar la SUBE, el grupo de hackers informáticos Anonymous publicó una lista de personas con los recorridos que realizaban a diario para demostrar las falencias del sistema. La Secretaría de Transporte, a cargo de Florencio Randazzo, tomó cartas en el asunto y suprimió, entonces, el acceso irrestricto a la base de datos del boleto electrónico, a la vez que suspendió por irregularidades a la empresa inglesa encargada de controlar el sistema del boleto electrónico tras una investigación periodística de LA NACIÓN. «La ley de protección de datos no se cumple tanto a nivel estatal como privado. Pero si el Estado es el garante último del cumplimiento y no lo hace, ¿qué se puede pedir al sector privado? [...]», expresó Busaniche.

La causa judicial del comienzo de esta nota muestra (de manera positiva) el poder de la información que encierra la tarjeta SUBE. [...]

«Algunos pensamos que esta base de datos podría ser mal utilizada, pero, hasta ahora, no creo que haya sido así. Además, un supermercado tiene hoy más datos que el registro nacional de las personas», expresó [el fiscal general]. Según el fiscal, una cuestión central en estas políticas de seguridad de los datos personales es que el usuario debe estar perfectamente notificado de que esos registros existen, es decir, de que quedarán registrados sus movimientos.

«Vamos a un ejemplo muy concreto: si una persona hace los mismos viajes todos los días, pero una vez a la semana hace una visita cuyo conocimiento por otros le sería inconveniente debe saber que la información queda registrada; entonces en ese caso debería poder decidir libremente si para ese viaje paga en efectivo, camina... o toma un taxi», dijo. Aquella idea de la vigilancia, tan abordada por la literatura y el cine, ya no debería tomarse como parte de la ficción. *(670 palabras)*

Fuente: http://www.lanacion.com.ar/1540613-vigilados-la-tecnologia-registra-cada-vez-mas-nuestros-pasos

Wortangaben und Erläuterungen:

l. 3	inapelable:	irremediable, inevitable
l. 4	la Cámara del Crimen:	institución judicial de Argentina
l. 5	la tarjeta SUBE:	(Sistema Único de Boleto Electrónico) tarjeta para pagar todos los medios de transporte
l. 6	el celular:	(LAm.) el móvil
l. 7	trascender:	ir más allá
l. 9	cotidiano/-a:	corriente, diario/-a
l. 12	el patrón:	el modelo, aquí: rutina o comportamiento que se repite
l. 12	el colectivo:	(Argentina) el autobús
l. 12	el subte:	(subterráneo) el metro
l. 20	el panóptico:	espacio donde todo es visible, uno no puede esconderse
l. 23	percatarse:	darse cuenta, notar
l. 26	consentir:	dar permiso
ll. 31-32	la falencia:	el defecto
l. 33	tomar cartas en un asunto:	(loc., coloq.) intervenir *(sich in eine Angelegenheit einschalten)*
l. 33	irrestricto/-a:	(Argentina) ilimitado/-a
l. 34	el boleto:	el billete
l. 37	el garante:	algo o alguien que da garantía
l. 43	el fiscal:	*Staatsanwalt*
l. 50	en efectivo	*bar*
l. 51	abordado/-a:	aquí: utilizado/-a

Teil I: Comprensión de texto

10 VP Inhalt

Arbeitsanweisungen:

- Notieren Sie jeweils die korrekte Lösung und, falls verlangt, einen Textbeleg.
- Geben Sie für Ihren Beleg jeweils die Zeilen im Text an und notieren Sie die ersten und die letzten drei Wörter des Zitats.
- Sollte der Textbeleg weniger als sechs Wörter umfassen, notieren Sie das ganze Zitat.
- Achten Sie stets darauf, wie viele Textbelege verlangt werden.

1. Complete las frases de manera corta y precisa. Justifique su respuesta con una cita del texto.

   a) Las autoridades usaron los datos guardados en la tarjeta de transporte para…

   detener ~~el procesamiento de~~ un hombre que robó un teléfono celular en un colectivo

   Línea(s): 4 - 6 *Cita:* En un reflejo … en un colectivo

   1

   b) El autor se pregunta si el Estado…

   tiene el derecho de registrar todos los movimientos de los ciudadanos

   Línea(s): 7 - 8 *Cita:* Hasta dónde llega … de los ciudadanos

   1

2. Marque con una cruz (✗) si la frase es verdadera (V) o falsa (F) y justifique su decisión con una cita del texto.

	V	F
a) Según Beatriz Busaniche, las autoridades pueden establecer un extenso sistema de control mediante la información de SUBE y otros datos.	☒	☐

   Línea(s): 12 - 14 *Cita:* Cuando se impulsó (cada vez que) … sistema de vigilancia

   1

	V	F
b) Al principio, la demanda por la tarjeta SUBE fue débil porque la gente no quería dar sus datos personales.	☐	☒

Línea(s): 20 - 22 *Cita:* Cuando el Gobierno ... monopolizaron la atención 1

	V	F
c) El problema de proteger los datos personales se refiere también a otros ámbitos de nuestras vidas diarias.	☒	☐

Línea(s): 23 - 26 *Cita:* En realidad, resulta ... del mismo proceso 1

3. Relacione la información con una institución o persona y escriba su nombre. Justifique su respuesta con una cita del texto.

a) Demostró que es fácil acceder a datos personales mediante SUBE:

el grupo de hackers informáticos Anonymous

Línea(s): 30 - 32 *Cita:* A poco de ... falencias del sistema. 1

b) Restringió el acceso a los datos de los usuarios de SUBE:

La Secretaría de Transporte

Línea(s): 32 - 34 *Cita:* La Secretaría de ... del boleto electrónico 1

c) Debería ser un modelo a seguir para el sector privado en cuanto a la protección de datos personales:

~~La causa judical del Ladrón~~ el Estado

Línea(s): 36 - 38 *Cita:* La ~~causa judicial~~ ley de la tarjeta SUBE ... al sector privado 1

4. Marque con una cruz (✗) si la frase es verdadera (V) o falsa (F) y justifique su decisión con una cita del texto.

	V	F	
a) En la opinión del fiscal, los usuarios de SUBE saben exactamente que sus datos son registrados y grabados.	☒	☐	
Línea(s): 43-46 *Cita:* Según el fiscal ... registrados sus movimientos			1
b) Si una persona no quiere que se registren sus movimientos, tiene que evitar el uso de la tarjeta SUBE.	☒	☐	
Línea(s): 47-51 *Cita:* Si una persona ... tomar un taxi			1

Teil II.1: Análisis

10 VP Inhalt / 15 VP Sprache

Examine el problema de la protección de los datos personales en la era digital a partir del texto del periódico alemán «Die Zeit». Relacione la información de Bruce Schneier con una obra literaria que haya leído.

Material B

„Wir leben in einem Überwachungsstaat“

19. 3. 2013 | von PATRICK BEUTH

Der Kryptologe und Sicherheitsforscher Bruce Schneier kapituliert: Staatliche Überwacher und Internetfirmen, die uns ausspähen, haben die Oberhand, sagt er im Interview. […]

ZEIT ONLINE: Sie wissen, wie man Tracking und Überwachung vermeidet, dennoch kapitulieren Sie. Warum?

SCHNEIER: Das hat mehrere Gründe. Erstens, weil wir wollen, was uns vorgesetzt wird. Wir sind einverstanden, dass Google uns verfolgt, weil wir Googles Suchergebnisse wollen. Wir sind einverstanden, dass Facebook uns verfolgt, weil wir dort mit unseren Freunden kommunizieren wollen. Zweitens, weil wir nicht wissen, dass wir getrackt werden. Die meisten Menschen haben keine Ahnung, dass sie von rund 100 Unternehmen durchs Netz verfolgt werden. Den meisten Menschen ist auch nicht klar, wer Zugang zu ihren E-Mails hat, und unter welchen rechtlichen Voraussetzungen. Und drittens, weil wir nicht aufmerksam sind. Wir ignorieren schnell, dass Mobiltelefone nichts anderes als Ortungswanzen sind, oder dass Amazon ganz genau weiß, welche Bücher wir lesen.

ZEIT ONLINE: Was ist mit der CryptoParty-Unternehmen Bewegung, dem Anonymisierungsprojekt Tor und allen anderen, die versuchen, den Menschen beizubringen, wie sie sich sicher und anonym im Internet bewegen können – ist das alles sinnlos?

SCHNEIER: Nicht sinnlos, aber es sind halt nur kleine Lösungen für ein großes Problem. Wir werden auf so vielen verschiedenen Wegen überwacht, dass es nicht viel bringt, einen dieser Wege zu umgehen. Der verhaftete LulzSec-Anführer Monsegur hat immer Tor verwendet, bis auf dieses eine Mal, und das war genug, um ihn zu de-anonymisieren. Ich habe die Werkzeuge untersucht, die China, Syrien, der Iran, Ägypten, die USA und andere Staaten benutzen, um ihre Bürger auszuspähen – sie haben die Überhand in diesem Wettrüsten. *(238 palabras)*

Quelle: http://www.zeit.de/digital/datenschutz/2013-03/bruce-schneier-interview-security

Teil II.2: Redacción — 10 VP Inhalt / 15 VP Sprache

Elija **uno** de los siguientes temas:

a) Un amigo/una amiga le escribe un e-mail contándole que está harto de recibir e-mails publicidad o que aparezca publicidad continuamente en su pantalla de ordenador. Usted le responde explicándole su punto de vista del problema, las ventajas y las desventajas del registro de nuestros datos y dándole también algún consejo.

o

b) Describa e interprete las siguientes estadísticas.

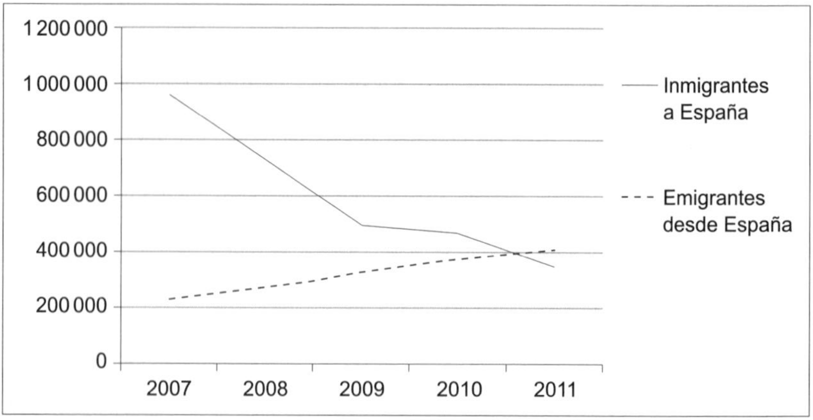

Gráfico 1: La inmigración a España y la emigración desde España de 2007 a 2011.
Fuente: INE, Estadística de Variaciones Residenciales y Estimaciones de la Población Actual, http://www.ine.es/inebmenu/mnu_migrac.htm

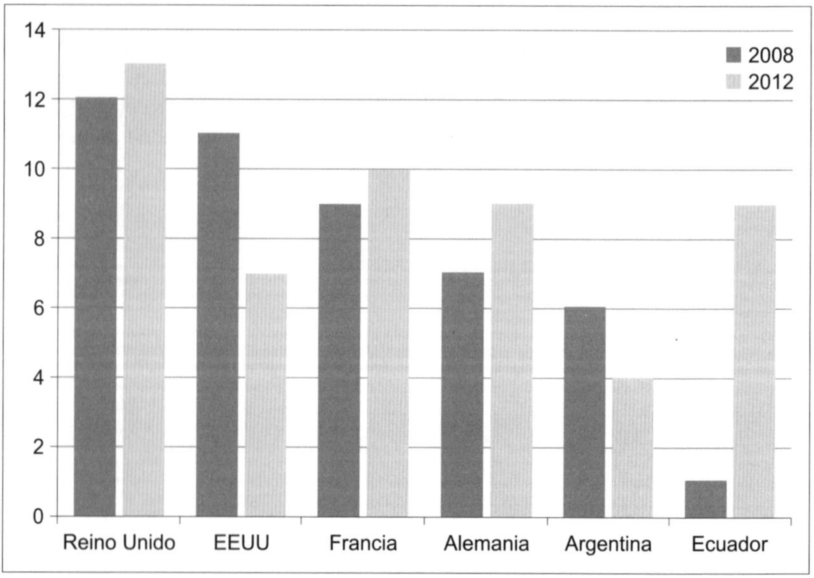

Gráfico 2: Cinco primeros destinos de los emigrantes españoles de 2008 a 2012 (porcentaje sobre el total de salidas al exterior)
Fuente: INE, Estadística de Variaciones Residenciales y Estimaciones de la Población Actual, http://www.ine.es/inebmenu/mnu_migrac.htm

Lösungsvorschläge

Teil I: Comprensión de texto

Hinweis: Die erste Frage zielt auf das globale Leseverstehen ab. Im Anschluss geht es um Informationen, die Sie bestimmten Textstellen entnehmen können. Diese können aus wenigen Wörtern bestehen.

1. a) El gobierno usó los datos guardados en la tarjeta de transporte para **resolver un delito/aclarar un robo/detener a un hombre que había robado un móvil**.

   ll. 4-6: «La Cámara del […] en un colectivo»

   b) El autor se pregunta si el Estado **tiene el derecho de guardar y utilizar información privada/tiene el derecho a controlar de tal manera a sus ciudadanos**.

   ll. 7-8: «¿Hasta dónde llega […] de los ciudadanos»

2. a) Según Beatriz Busaniche, las autoridades pueden establecer un extenso sistema de control mediante la información de SUBE y otros datos. V ☒ F ☐

   ll. 12-14: «Cada vez que […] sistema de vigilancia»

   b) Al principio, la demanda por la tarjeta SUBE fue débil porque la gente no quería dar sus datos personales. V ☐ F ☒

   ll. 20-22: «Cuando el Gobierno […] obtener el plástico»

   c) El problema de proteger los datos personales se refiere también a otros ámbitos de nuestras vidas diarias. V ☒ F ☐

   ll. 23-24: «En realidad, resulta […] del mismo proceso»

3. a) Demostró que es fácil acceder a datos personales mediante SUBE: **el grupo de hackers informáticos Anonymous**

   ll. 30-32: «El grupo de falencias […] bases de datos»

   b) Restringió el acceso a los datos de los usuarios de SUBE: **la Secretaría de Transporte**

   ll. 32-34: «La Secretaria de […] del boleto electrónico»

   c) Debería ser un modelo a seguir para el sector privado en cuanto a la protección de datos personales: **el Estado**

   ll. 36-38: «La ley de […] al sector privado»

4. a) En la opinión del fiscal, los usuarios de SUBE saben exactamente que sus datos son registrados y grabados.

V	F
☐	☒

ll. 43-46: «Según el fiscal [...] registrados sus movimientos»

b) Si una persona no quiere que se registren sus movimientos, tiene que evitar el uso de la tarjeta SUBE.

V	F
☒	☐

ll. 47-51: «si una persona [...] tomar un taxi»

Teil II.1: Análisis

Hinweis: *Erläutern Sie das Problem des Datenschutzes in der Zeit von Internet, Smartphones etc. anhand der Informationen, die Sie dem deutschen Text entnehmen können. Sie können den spanischen Text nach Vokabular durchforsten, das Ihnen beim Schreiben Ihrer Antwort hilft (z. B. aus dem Wortfeld Datenschutz:* vigilar/la vigilancia, registrar, la esfera privada, la protección de los datos personales, el acceso, el usuario *etc.).*
Stellen Sie dann, wie in der Aufgabenstellung gefordert, einen Bezug her zu einem Ihnen bekannten literarischen Text. Im Rahmen des Schwerpunktthemas „Vivir en tiempos difíciles" bietet sich die Erzählung „El mundo transparente" von Francisco García Pavón an, in der Sie Parallelen zwischen dem „gläsernen Menschen" der Ära Internet und der im cuento *beschriebenen Überwachung der Bürger finden können. Legen Sie Unterschiede und Gemeinsamkeiten dar.*

Uno de los graves problemas que han surgido con la era digital es la facilidad con la que se obtienen y se controlan los datos personales de todos nosotros. Cuando navegamos por Internet, se registran todos nuestros movimientos en el mundo virtual (las búsquedas, los mensajes, etc.). Estamos vigilados por el Estado tanto como por las empresas que se sirven de nuestros datos personales para vender sus productos.
No es fácil encontrar los caminos para evitar ser localizado y para escapar del control absoluto de nuestro paso por la red. Existen alternativas como el proyecto *Tor* para anonimizarse en Internet, pero estamos vigilados de manera muy diversa y que no conocemos, así que también para los expertos es casi imposible liberarse de este control. Además, mucha gente no se da cuenta del problema o acepta la entrega de sus datos personales a cambio de poder usar servicios como Google, Facebook o Amazon. Se puede decir incluso que existe una visión contradictoria en la sociedad con respecto a la vigilancia y al uso de los datos personales. Todo tiene su lado positivo o negativo según el uso que se haga de ello.
La información de la entrevista con Bruce Schneier en el periódico alemán «Die Zeit» se puede relacionar con el cuento «El mundo transparente» de Francisco García Pavón. En ambos textos los ciudadanos están vigilados por el Gobierno o por cualquiera que tenga interés en sus datos. Lo que empezó como una diversión o un uso inofensivo de la tecnología termina teniendo consecuencias graves: se invade la esfe-

ra privada de las personas. En el cuento el Estado obtiene el monopolio al vigilar a los ciudadanos y también Bruce Schneier subraya que muchos Estados se sirven de la transparencia de Internet para espiar a la población.
Una diferencia sería quizá que en el cuento la gente es muy consciente de que está siendo vigilada, de que cualquier cosa que diga o haga será juzgada o usada en su contra. Sin embargo, es casi imposible defenderse, se puede solamente apagar la luz, disfrazarse o comportarse de manera artificial.
En lo que se refiere al mundo virtual, muchas personas no se dan cuenta de que cada dato entregado puede usarse en otro contexto. Muchas veces podemos elegir si queremos entregar nuestros datos o no, pero no queremos renunciar a las comodidades que ofrece Internet o simplemente no pensamos en las consecuencias. *(400 palabras)*

Teil II.2: Redacción

a) ***Hinweis:*** *Auch bei einer E-Mail sind gewisse formale Anforderungen zu beachten (Anrede, Verabschiedung). Versetzen Sie sich in die Situation des Verfassers und gehen Sie auf die in der Aufgabenstellung angesprochene Nachricht Ihres Freundes ein. Kommentieren Sie die Schwierigkeiten des Datenschutzes, die Auswirkungen des Handels mit Nutzerdaten und schlagen Sie Lösungen vor.*

Hola, Juan:

¡Qué bien que tengo noticias tuyas! Hacía algunas semanas que no me escribías. Parece que estás un poco harto del ordenador. La verdad es que te entiendo. A mí también me ha pasado que me han mandado tanta publicidad al correo electrónico que no tenía casi espacio para mis propios e-mails. Además, me molesta tener que cerrar continuamente ventanas de otras páginas que se abren o me ofrecen comprar zapatos, simplemente por haber buscado información en Internet.
Bueno, este problema por lo menos lo he solucionado con la ayuda de un nuevo programa antivirus. Si quieres, te puedo recomendar algunos programas gratuitos. Claro, estos programas no pueden evitar que nuestros datos se compren y se vendan. Eso ya lo sabemos todos. Creo que todo tiene su precio. Queremos estar informados, navegar por Internet, conocer los datos de los otros, pero no queremos que nuestras búsquedas dejen rastro en la red. Eso es difícil de controlar. Creo que lo importante es que sepamos que nuestros datos andan en manos de empresas, por ejemplo, que los usan para vender sus productos.
Según un artículo que acabo de leer, en Argentina se han usado datos de una tarjeta de transporte para identificar a un ladrón. La recolección de datos tiene por tanto aspectos positivos, por ejemplo para aclarar crímenes o también para evitar atentados terroristas. Sin embargo, me sentiría más tranquilo si tuviera un mejor control de mis datos personales. Quizás en algunos casos sería recomendable renunciar a una aplicación, una tarjeta de descuento o lo que sea si hay que entregar los datos personales para usarlas.

¡Menudo rollo sobre seguridad informática, eh! ;) Oye, espero verte en el concierto del sábado. No faltes.

Saludos,
David

(285 palabras)

b) ***Hinweis:*** *Schauen Sie sich die Grafiken genau an und beachten Sie auch die Bildunterschriften. Beschreiben Sie die Grafiken und erklären Sie die darin dargestellten Entwicklungen vor dem Hintergrund der aktuellen wirtschaftlichen Lage.*

En la gráfica 1 se pueden ver los cambios migratorios que, desde 2007 hasta 2011, se produjeron en España. Se ve claramente que el número de inmigrantes, es decir personas de otros países que venían a España para trabajar, era muy alto en 2007. A partir de esta fecha el número descendió radicalmente desde 100 000 hasta estar por debajo de los 40 000.
Los datos de los emigrantes muestran una tendencia contraria a la anterior. En 2007 su cantidad era bastante baja, pero a lo largo de los años aumentó hasta situarse en los 40 000 aproximadamente. Es decir, en cinco años se duplicó el número de emigrantes, así que en 2011 hubo tantos emigrantes como inmigrantes.
Estos resultados se deben sobre todo a la crisis económica que afecta a España desde 2008. Este año fue el punto de inflexión en las tendencias migratorias.
En la gráfica 2 se ve que los destinos de los emigrantes españoles son variados. El Reino Unido es el mayor receptor de emigrantes salidos de España. Este país ha sido siempre interesante por su proximidad con España y porque el inglés es el idioma que más importancia tiene a nivel internacional.
EE. UU. como destino ha descendido. Las posibles razones pueden ser p. ej. las dificultades de recibir la llamada *Green Card* (el permiso de residencia) o bien la larga distancia y el precio de los viajes.
Francia, por su parte, es un destino importante. Quizás su importancia ha aumentado por su proximidad. Alemania por su situación económica también es un lugar atractivo para emigrar, aunque el idioma seguramente es una barrera.
Los países de Latinoamérica tienen un interesante desarrollo en su evolución migratoria. En Argentina, al principio hubo una emigración relativamente alta que luego descendió. Puede ser que después de la crisis económica en Argentina muchos argentinos regresaran o también que algunos españoles fueran allí atraídos por el crecimiento económico que estaba viviendo el país. En cuanto a Ecuador, el número de emigrantes salidos de España se ha disparado. También aquí se puede tratar de ecuatorianos, que eran el número más importante de inmigrantes en España, o de españoles que buscan suerte en un país con buenas perspectivas económicas.

(366 palabras)

Material A

«La historia se repite en Suiza»

POR ANA CARBAJOSA | Zúrich | 24 SEP 2013

Hay oportunidades, sí. Pagan bien, también. Pero la emigración española a Suiza no es el camino de rosas que muchos imaginan. La vida en Suiza es muy cara y sin hablar alemán y francés o inglés es difícil abrirse camino en un país que ya acoge a casi 100 000 españoles. «Aquí no atan a los perros con longanizas», aclara Francisco Ruiz, presidente del Consejo de españoles residentes en Suiza.

A Suiza llegan tres tipos de inmigrantes españoles. Por un lado desembarcan jóvenes muy formados, que a pesar de su talento y su esfuerzo académico no encuentran empresa ni Administración que en España sea capaz de traducir su potencial en forma de contrato laboral. Luego están los familiares de emigrantes de los años sesenta y setenta, de los que llegaban con la maleta de cartón y que ahora conocen el país, y están lo suficientemente asentados como para apoyar a su familia. Están también los becarios que se forman en las instituciones internacionales como Naciones Unidas. Y por último, familias —parte de ellas latinoamericanas nacionalizadas en España— que huyen de la crisis con una mano delante y otra atrás y que recalan en Suiza en condiciones precarias.

Suiza en corto

[…] En un parque de Zúrich, un grupo de jóvenes arquitectos españoles extiende una manta en el suelo y empiezan a sacar fiambre y bebidas que han comprado en el supermercado. Son amigos y han ido llegando a Suiza en cadena durante los dos últimos años. Primero hicieron prácticas por las que cobraron 2400 euros al mes. Luego, les contrataron en firme por unos 3200 euros. Carlos Jiménez trabajaba de arquitecto en España donde cobraba 700 euros al mes y los dos últimos no llegó siquiera a cobrarlos. «En España es normal violar los derechos laborales. Aquí, está mal visto socialmente. Aquí es impensable que un jefe se pase con sus trabajadores». A su lado se sienta Juan Crevillén, también arquitecto, que llegó a Suiza desde Londres, donde fregaba suelos. «Cuando me ofrecieron esto no lo dudé», informa.

La mayoría de los trabajadores extranjeros trabajan en Suiza en los bancos o en empresas informáticas, según los datos que aporta la consejería de trabajo española en Berna. El consejero, Francisco José López, explica que cada vez más españoles que están pensando en emigrar se ponen en contacto con ellos para pedir información. El año pasado, recibieron 25 639 consultas en las oficinas de empleo. En la consejería les indican qué webs les pueden ayudar para contactar con las empresas y sobre todo les advierten de las cuestiones fundamentales a tener en cuenta. «Una persona necesita aproximadamente unos 2000 francos para subsistir», es una de las advertencias. Otra, que sin hablar alemán o francés es muy difícil encontrar trabajo y por último, la importancia de informarse sobre si la titulación española del emigrante es homologable en Suiza. «Antes de venir es absolutamente necesario que se informen adecuadamente», recalca López. La arquitecta de interiores Elena Plantón es de las que se informó bien, gracias a su familia, antiguos emigrantes. Sus tíos le proporcionan ahora mesa y mantel en Kreuzlinge, en el norte del país. Llegó hace mes y medio a Suiza, después de una travesía en el desierto laboral español. «Eché por lo menos 2000 currículos por Internet, pero solo me llamaron una vez. El problema es que siempre piden experiencia, pero nadie te da la primera oportunidad». Y sigue: «Yo quería trabajar de lo que fuera». Sus padres emigraron a Suiza a finales de los sesenta. Su padre trabajaba en una empresa de limpieza, su madre en una fábrica textil. Sus padres volvieron a España y ahora es a ella a la que le toca emigrar. De momento está estudiando alemán en Constanza y calcula que necesitará otros seis meses para tener un nivel que le permita empezar a buscar trabajo.

En Suiza, una cajera de supermercado puede llegar a ganar en torno a 3600 euros, pero encontrar un piso por menos de 1200 euros es poco menos que imposible. Luego hay que abonar el seguro de salud privado y obligatorio y los impuestos. Todo eso, antes de empezar a pagar luz, agua, coche y comida, en un país en el que el autobús cuesta algo más de tres euros. Los gastos de vivir una semana en Suiza son como los de vivir un mes en España, calculan algunos emigrantes. [...]

Un cierto aumento de trabajadores europeos —la mayoría alemanes— que en los últimos años han emigrado a Suiza ha sembrado además el nerviosismo entre los suizos que barajan poner más límites en las fronteras para proteger su mercado laboral. De momento, la reciente activación de la llamada cláusula de salvaguarda, a pesar de haber desatado una cierta tormenta política con Bruselas, no ha supuesto un cambio sustancial para los españoles y resto de europeos que planean asentarse en Suiza, como confirman diversas fuentes diplomáticas europeas.

Y mientras en España potenciales emigrantes echan cuentas y sopesan dar el paso, en el parque de Zúrich cae la noche y los jóvenes arquitectos apuran sus viandas. ¿Volveríais a España si tuvierais trabajo en vuestro país? «¡Mañana!», gritan al unísono entre carcajadas. *(854 palabras)*

Fuente: http://economia.elpais.com/economia/2013/09/08/actualidad/1378668502_730649.html

Wortangaben und Erläuterungen:

l. 4	atar a los perros con longaniza:	(loc., col.) haber mucha riqueza
l. 11	asentado/-a:	establecido/-a (p. ej. con residencia fija y trabajo)
l. 12	el becario:	persona que tiene una beca *(Stipendium)*
l. 14	con una mano delante y otra atrás:	(loc.) sin nada
l. 14	recalar:	llegar, aparecer por algún sitio
l. 18	la manta:	Decke
l. 18	el fiambre:	carne preparada y fría, p. ej. jamón
l. 19	en cadena:	uno tras otro
l. 24	pasarse con alguien:	(col.) tratar a alguien mal
l. 26	fregar:	limpiar
l. 34	subsistir:	sobrevivir
l. 37	homologable:	reconocido/-a *(anerkannt)*

l. 40	mesa y mantel	*Verpflegung*
l. 41	la travesía:	el viaje
l. 44	de lo que fuera:	de cualquier cosa
l. 51	abonar:	pagar
l. 56	sembrar:	(fig.) *säen*
l. 57	barajar:	pensar en una posibilidad o solución
l. 58	la salvaguarda:	la garantía
l. 59	desatar:	provocar, iniciar una reacción
l. 62	echar cuentas:	(loc.) calcular los gastos
l. 62	sopesar:	mirar bien los pros y los contras de algo
l. 63	la vianda:	la comida
l. 65	la carcajada:	risa fuerte

Teil I: Comprensión de texto — 10 VP Inhalt

Arbeitsanweisungen:

- Notieren Sie jeweils die korrekte Lösung und, falls verlangt, einen Textbeleg.
- Geben Sie für Ihren Beleg jeweils die Zeilen im Text an und notieren Sie die ersten und die letzten drei Wörter des Zitats.
- Sollte der Textbeleg weniger als sechs Wörter umfassen, notieren Sie das ganze Zitat.
- Achten Sie stets darauf, wie viele Textbelege verlangt werden.

1. Marque las soluciones correctas con una cruz (✗) y justifique su decisión con una cita del texto.

   Emigrar a Suiza…

   - [x] es interesante laboralmente, pero no es fácil.
   - [ ] es difícil porque la vida es cara y no pagan bien.
   - [x] solamente es recomendable para las personas que tienen conocimientos de idioma.

   Línea(s): 1-2 *Cita:* Hay ... imaginan también

   Línea(s): 2-3 *Cita:* La vida ... españoles sin hablar abrise[illegible]

   2

2. Enumere los grupos de inmigrantes que llegan a Suiza desde España.

- jóvenes muy formados
- familiares de los emigrantes de los años 60/70
- becarios
- familias que huyen de la crisis 2

3. Marque la solución correcta/las soluciones correctas con una cruz (✗) y justifique su decisión con una cita del texto.

a) Los jóvenes arquitectos españoles…

- [ ] no siempre cobran sus sueldos en Suiza.
- [x] piensan que los trabajadores son tratados mucho mejor en Suiza.
- [ ] ganan menos que en sus trabajos anteriores, pero les gusta que en Suiza no se violen los derechos laborales.

Línea(s): 23-24 *Cita:* Aquí en España

mal visto socialmente 1

trabajadores

b) Los españoles encuentran principalmente trabajo en Suiza…

- [x] por la consejería española de empleo.
- [ ] por amigos españoles que trabajan en bancos o empresas informáticas.
- [x] a través de Internet.

Línea(s): 28-29 *Cita:* La mayoría … Berna

qué webs … empresas 1

c) Elena Plantón…

- [ ] envió más de dos mil currículos a empresas suizas hasta encontrar un empleo.
- [ ] ya habla alemán.
- [x] preparó su emigración muy bien.

Línea(s): *Cita:* La arquitecta

antiguos emigrantes 1

d) Los problemas con los que se pueden encontrar los españoles en Suiza son por ejemplo…

- [x] los costes de la vida, que son mucho más altos que en España.
- [ ] la imposibilidad de encontrar piso si uno es del extranjero.
- [x] el rechazo por parte de algunos suizos.

Línea(s): 53-57 *Cita:* Todo eso … tres euros.

cierto aumento … mercado laboral

Línea(s): 53-54 *Cita:* Los gastos

en España

2

4. Complete la frase y justifique su respuesta con una cita del texto.

Los jóvenes arquitectos españoles en Suiza quieren…

un trabajo en España para volver

Línea(s): 64 *Cita:* Volverías mañana

Teil II.1: Análisis

10 VP Inhalt / 15 VP Sprache

Analice la emigración española a Suiza partiendo del texto español (texto A) y del texto alemán (texto B). Compare los resultados de su análisis con una obra literaria que haya leído en la clase de español.

Material B

Spanier in der Schweiz: Und was jetzt?

18. 2. 2014 | von Patricia Islas

Werden sie meinen Arbeitsvertrag erneuern? Was wird mit meinen Kindern geschehen? Was soll ich tun? Diese Fragen beschäftigen die spanischen Arbeiterinnen und Arbeiter in der Schweiz nach dem „Ja“ der Stimmbürger gegen Masseneinwanderung.

[…] Für die 70 000 in der Schweiz lebenden Spanier war das „Ja“ gegen Masseneinwanderung wie ein Eimer mit kaltem Wasser. Zusammen mit den Italienern gehören sie zu den ersten, die seit einem halben Jahrhundert der Nachfrage nach Arbeitskräften im Alpenland nachgekommen sind.

Noch immer im „Schockzustand“

Dennoch machen sich bereits die ersten Anzeichen der Unsicherheit unter den spanischen Arbeiternehmern bemerkbar, vor allem unter derjenigen, die erst seit kurzem in der Schweiz leben und arbeiten. Dabei ist hervorzuheben, dass allein im vergangenen Jahr 8 000 Spanierinnen und Spanier auf der Suche nach einer besseren Zukunft in die Schweiz ausgewandert sind.

„Bei unsern Mitgliedern tauchen Zweifel auf. Sie fragen uns, was nun geschehen wird, ob ihre Arbeitsverträge erneuert werden und sie mit ihren Familien hier bleiben können“, erläutert Aurora García, Sekretärin für Migration der Gewerkschaft Unia, gegenüber swissinfo.ch. Die Unia ist eine der größten Schweizer Gewerkschaften und zählt zu ihren Mitgliedern auch 6 000 Spanierinnen und Spanier. [...]

Die Gewerkschaftlerin, selber Tochter von spanischen Einwanderern, verbirgt ihr Bedauern über die Annahme der Initiative nicht: „Ich glaube, dass wir uns noch immer in einem Schockzustand befinden.“ *(184 palabras)*

Quelle: http://www.swissinfo.ch/ger/politik_schweiz/Spanier_in_der_Schweiz:_Und_was_jetzt.html?cid=37974396, Übersetzung: Regula Ochsenbein © swissinfo.ch

Teil II.2: Redacción

10 VP Inhalt / 15 VP Sprache

Elija **uno** de los siguientes temas:

a) Imagínese que Elena Plantón ha encontrado un trabajo en Suiza. Redacte una entrevista (un diálogo) entre Elena y un periodista español un tiempo después.

o

b) En España conviven varias lenguas oficiales. Presente la situación de cooficialidad idiomática española y opine al respecto.

Teil I: Comprensión de texto

Hinweis: Bei Aufgabe 2 sollen Sie nur in Stichpunkten antworten und brauchen keinen Textbeleg liefern.

1. a) Emigrar a Suiza…

☒ es interesante laboralmente, pero no es fácil.

ll. 1-2: «Hay oportunidades, sí […] que muchos imaginan»

☐ es difícil porque la vida es cara y no pagan bien.

☒ solamente es recomendable para las personas que tienen conocimientos de idioma.

ll. 2-3: «sin hablar alemán […] difícil abrirse camino»

2.
- **jóvenes bien formados (sin perspectivas laborales en su país)**
- **españoles que tienen familiares en Suiza**
- **becarios (de instituciones como Naciones Unidas)**
- **familias (algunas de origen latinoamericano/con problemas económicos)**

3. a) Los jóvenes arquitectos españoles…

☐ no siempre cobran sus sueldos en Suiza.

☒ piensan que los trabajadores son tratados mucho mejor en Suiza.

ll. 23-24: «En España es […] con sus trabajadores»

☐ ganan menos que en sus trabajos anteriores, pero les gusta que en Suiza no se violen los derechos laborales.

b) Los españoles encuentran principalmente trabajo en Suiza…

☐ por la consejería española de empleo.

☐ por amigos españoles que trabajan en bancos o empresas informáticas.

☒ a través de Internet.

ll. 32: «qué webs les […] con las empresas»

c) Elena Plantón…

- [ ] envió más de dos mil currículos a empresas suizas hasta encontrar un empleo.
- [ ] ya habla alemán.
- [x] preparó su emigración muy bien.

ll. 38-39: «La arquitecta de […] se informó bien»

d) Los problemas con los que se pueden encontrar los españoles en Suiza son por ejemplo…

- [x] los costes de la vida, que son muchos más altos que en España.

ll. 53-54: «Los gastos de […] mes en España»

- [ ] la imposibilidad de encontrar piso si uno es del extranjero.
- [x] el rechazo por parte de algunos suizos.

ll. 55-57: «Un cierto aumento […] su mercado laboral»

4. Los jóvenes arquitectos españoles en Suiza quieren **regresar a España si tienen una buena oferta de empleo/volver a España si tienen trabajo allí**.

ll. 64-65: «¿Volveríais a España […] gritan al unísono»

Teil II.1: Análisis

Hinweis: *Untersuchen Sie die Situation der spanischen Migranten in der Schweiz und legen Sie dabei auch die Gründe für ihre Auswanderung dar. Stützen Sie sich auf den spanischen sowie auf den deutschen Text. Stellen Sie dann einen Bezug zu einem literarischen Werk her, das Ihnen aus dem Unterricht bekannt ist. Arbeiten Sie auf Grundlage Ihrer Untersuchungen Unterschiede und Gemeinsamkeiten zu dem literarischen Text heraus. Es würde sich zum Beispiel die Kurzgeschichte „Terciopelo Robado" von Elena Pita anbieten, deren Protagonistin Ofelia ebenfalls in die Schweiz auswandert.*

Con la crisis en la construcción y en otros sectores económicos, muchos españoles se quedaron sin perspectivas de trabajo, como los arquitectos del texto A. Han estudiado y tienen buena formación, pero al no encontrar trabajo o estar muy mal pagado o simplemente no remunerado, optan por emigrar a Suiza.
De Suiza a los españoles les gusta que se trate mejor a los trabajadores y que los salarios estén mucho mejores. Además, muchos emigrantes reciben el apoyo de familiares que han emigrado a Suiza durante los años 60 y 70 y que les pueden contar sus

experiencias de emigración. A veces estos familiares incluso siguen viviendo en el extranjero y pueden acoger a los nuevos emigrantes (ll. 9-11).
Sin embargo, la emigración no siempre es fácil. Hay que hablar muy bien alemán para encontrar trabajo y la vida es cara. Además, en febrero de 2014 los suizos han decidido en referéndum restringir la entrada de extranjeros en su país. El resultado de este referéndum sitúa también a la comunidad española en una posición delicada. En total, unos 70 000 españoles viven y trabajan en Suiza, solamente en el año 2013 unos 8000 españoles emigraron a este país. Sobre todo los recién llegados se muestran preocupados, pero también las familias que llevan años viviendo en Suiza están desconcertadas. No saben si pueden quedarse allí. Aunque la idea de muchos emigrantes es la de volver un día a su país de origen (como p. ej. los jóvenes arquitectos del texto A), solo quieren regresar si las cosas mejoran en España.
La situación de los emigrantes en los dos textos se puede comparar con la de Ofelia en el cuento «Terciopelo robado» de Elena Pita. En ambos casos se habla de la emigración a Suiza. En el cuento Ofelia, una mujer campesina, emigra para trabajar en una fábrica sin conocer el idioma. Va a vivir con otros extranjeros en su misma situación y con los mismos miedos.
La emigración de Ofelia se puede relacionar con la emigración en los años sesenta, pero es opuesta a la de los jóvenes que hoy en día emigran: ella va a Suiza sola, sin el apoyo de la familia y sin formación. Sin embargo, emigra en una época en la que Suiza necesita a trabajadores del extranjero. Por eso, la emigración es más fácil y se puede sentir mejor acogida que los emigrantes de hoy después del referéndum contra la inmigración. Otra diferencia es que Ofelia no quiere volver a su pueblo, pero tiene que abandonar sus sueños y regresar a España para ayudar a su familia. Los emigrantes en los dos artículos de prensa por el momento siguen viviendo y trabajando en Suiza. *(428 palabras)*

Teil II.2: Redacción

a) ***Hinweis:*** *Nutzen Sie für das fiktive Interview die Informationen, die Sie im Text über das Leben der spanischen Auswanderer in der Schweiz finden, zum Beispiel den Hinweis auf Schwierigkeiten bei der Wohnungssuche, um den Dialog authentischer zu machen.*

ENTREVISTADOR: Bueno Elena, aquí nos encontramos después de unos meses. Parece que tu situación laboral ha cambiado.

ELENA: Sí, y menos mal que ha cambiado. Llevo tres semanas trabajando en una empresa constructora que tiene un equipo de arquitectos propio y buscaban una arquitecta de interiores. Estoy encantada, la verdad.

ENTREVISTADOR: ¿Y cómo lo encontraste? Porque la última vez que hablamos no parecía tan fácil.

ELENA: Bueno, tampoco fue tan fácil. Hice algunas entrevistas pero el idioma siempre era un problema. Cuando me llamaron de esta empresa me dijeron que buscaban a alguien con ganas de aprender, aunque no tuviera experiencia. Además, mi compañero de trabajo es de México, por eso al principio el idioma no iba a ser una barrera.

ENTREVISTADOR: ¡Qué suerte! Así que tu nuevo compañero te puede enseñar todo lo que necesitas en tu nuevo trabajo y mientras mejoras el idioma.

ELENA: Sí, esa es la idea. He tenido suerte, pero después de buscar tanto, algo tenía que salir.

ENTREVISTADOR: ¿Y ahora qué planes tienes de futuro? Porque ya con trabajo...

ELENA: Bueno, pues aprender todo lo que pueda e irme de vacaciones en verano unos días a casa.

ENTREVISTADOR: ¿Quizá buscar un piso?

ELENA: Creo que tendré que vivir en casa de mis tíos durante bastante tiempo todavía... no cobro tanto como para pagar un alquiler.

ENTREVISTADOR: Pero regresarás algún día a España...

ELENA: Ese sería mi sueño, pero de momento me quedo aquí. *(240 palabras)*

b) ***Hinweis:*** *Legen Sie dar, in welchen spanischen* comunidades autónomas *sogenannte Minoritätensprachen existieren und welchen Status diese innehaben. Gehen Sie des Weiteren auf Probleme ein, die diese Situation mit sich bringt. Auch Ihre eigene Meinung zur Zweisprachigkeit ist gefragt, die Sie mit Argumenten untermauern sollen, das heißt, Sie müssen Vor- und Nachteile des* bilingüismo *erklären und zu einem begründeten Schluss kommen.*

En España existe bilingüismo en varias comunidades autónomas: Galicia, Cataluña, Comunidad Valenciana, Islas Baleares y País Vasco.

En cada una de ellas existe la llamada cooficialidad (existen dos o más lenguas oficiales) y la mayoría de los habitantes de estas comunidades saben ambos idiomas a nivel bilingüe. Durante la dictadura de Franco estaba prohibido y perseguido hablar cualquier idioma que no fuera el castellano. El objetivo de Franco era la unidad nacional: «una patria, una lengua», un reflejo del centralismo político bajo su régimen. La represión marcó a las minorías que solo podían hablar su lengua en el ámbito privado. Después del fin de la dictadura empezó la llamada normalización de lenguas minoritarias como el catalán y el euskera (vasco). Hoy en día las escuelas son bilingües y fomentan a través de la educación la cultura y la tradición.

El bilingüismo y el fomento de las lenguas minoritarias son un tema controvertido en España. Muchos españoles critican que en comunidades autónomas como Cataluña los castellanohablantes estén forzados a utilizar el catalán p. ej. en las escuelas y universidades. Alegan que la política lingüística del gobierno catalán no corresponde con la realidad.

Sin embargo, en mi opinión es fundamental que haya políticas de apoyo gubernamental a los idiomas cooficiales a través de leyes que ofrezcan garantías de continuidad en su uso. Estos idiomas representan no solo una cultura, sino la identidad de un pueblo. Por eso, que en la escuela se impartan las clases en castellano y en el idioma cooficial, es un requisito imprescindible que está peligrando por las nuevas leyes educativas aprobadas por el gobierno actual. La nueva legislación hace prevalecer al castellano ante cualquier otra lengua cooficial. Esto puede significar que la lengua minoritaria perdería valor en la sociedad y en las nuevas generaciones.

(296 palabras)

Baden-Württemberg
Spanisch – Übungsaufgabe 8

Material A

«Soldados de Salamina»

POR JAVIER CERCAS

[…] el grupo dobla a la izquierda, abandona la carretera y se interna en el bosque por un sendero ascendente de tierra caliza que desemboca en un claro: una alta explanada rodeada de pinos. De la espesura brota entonces una voz militar que les ordena detenerse y dar media vuelta a la izquierda. El terror se apodera del grupo, que se paraliza con una unanimidad de autómata; casi todos sus miembros giran a la izquierda pero el espanto confunde el instinto de otros que, como el capitán Gabriel Martín Morito, giran a la derecha. Transcurre entonces un instante eterno, durante el cual Sánchez Mazas piensa que va a morir. Piensa que las balas que van a matarlo vendrán de su espalda, que es de donde ha brotado la voz de mando, y que, antes de que muera porque las balas lo alcancen, éstas tendrán que alcanzar a los cuatro hombres que forman tras él. Piensa que no va a morir, que va a escapar. Piensa que no puede escapar hacia su espalda, porque los disparos vendrán de allí, ni hacia su izquierda, porque correría de vuelta a la carretera y los soldados; ni hacia delante, porque tendría que salvar una muralla de ocho hombres despavoridos. Pero (piensa) sí puede escapar hacia la derecha, donde a no más de seis o siete metros un espeso breñal de pinos y maleza promete una posibilidad de esconderse. «Hacia la derecha», piensa. Y piensa: «Ahora o nunca». En ese momento varias ametralladoras emplazadas a espaldas del grupo, justo en la dirección de la que ha surgido la voz de mando, empiezan a barrer el claro; tratando de protegerse, instintivamente los presos buscan el suelo. Para entonces, Sánchez Mazas ya ha alcanzado el breñal, corre entre los pinos arañándose la cara y oyendo aún el tableteo sin compasión de las ametralladoras, finalmente da un tropezón providencial que lo arroja, rodando sobre el fango y las hojas mojadas por el barranco donde se quiebra la explanada, hasta aterrizar en una hoya encharcada en la que desemboca un arroyo. Porque imagina con razón que sus perseguidores le imaginan alejándose cuanto le sea posible de ellos, decide guarecerse allí, relativamente cerca del claro […]. Durante un tiempo que no sabe si computar en minutos o en horas, mientras, para taparse con barro, araña sin descanso la tierra hasta sangrar por las uñas y reflexiona que la lluvia que no cesa de caer impedirá a los perros seguir su rastro, Sánchez Mazas continúa oyendo gritos y ladridos y disparos, hasta que en algún momento siente que algo se remueve a su espalda y se vuelve con una urgencia de alimaña acosada.

Entonces lo ve. Está de pie junto a la hoya, alto y corpulento y recortado contra el verde oscuro de los pinos y el azul oscuro de las nubes, jadeando un poco […]. Presa de la anómala resignación de quien sabe que su hora ha llegado, a través de sus gafas de miope enteladas de agua Sánchez Mazas mira al soldado que lo va a matar o va a entregarlo —un hombre joven, con el pelo pegado al cráneo por la lluvia, los ojos tal vez grises, las mejillas chupadas y los pómulos salientes— y lo recuerda o cree recordarlo entre los soldados harapientos que le vigilaban en el monasterio. Lo reconoce o cree reconocerlo, pero no le alivia la idea de que vaya a ser él y no un agente del SIM quien lo redima de la agonía inacabable del miedo, y lo humilla como una injuria añadida a las injurias de esos años de prófugo no haber muerto junto a sus compañeros de cárcel o no haber sabido hacerlo a campo abierto y a pleno sol y peleando con un coraje del que carece, en vez de ir a hacerlo ahora y allí, embarrado y solo y temblando de pavor y de vergüenza en un agujero sin dignidad. Así, loca y confusa la encendida mente, aguarda Rafael Sánchez Mazas —poeta exquisito, ideólogo fascista, futuro ministro de Franco— la descarga que ha de acabar con él. Pero la descarga no llega, y Sánchez Mazas, como si ya hubiera muerto y desde la muerte recordara una escena de sueño, observa sin incredulidad que el soldado avanza lentamente hacia el borde de la hoya entre la lluvia que no cesa y el rumor de acecho de los soldados y los carabineros, unos pasos apenas, el fusil apuntándole sin ostentación, el gesto más indagador que tenso, como un cazador novato a punto de identificar a su primera presa, y justo cuando el soldado alcanza el borde de la hoya traspasa el rumor vegetal de la lluvia un grito cercano:

—¿Hay alguien por ahí? *(783 palabras)*

Fuente: Javier Cercas: «Soldados de Salamina», Tusquets Editores Barcelona, 2001, pp. 101-104

Wortangaben und Erläuterungen:

l. 2	el sendero	la ruta, el camino
l. 2	el claro	lugar en el bosque donde no hay árboles
l. 3	el pino	*Pinie*
l. 3	la espesura	(adj. espeso/-a) *Dickicht*
l. 6	el espanto	el susto, el terror
l. 14	despavorido/-a	horrorizado/-a
l. 15	el breñal	*etwa: überwuchertes, schwer zugängliches Gelände*
l. 15	la maleza	*Unterholz, Dickicht*
l. 17	la ametralladora	*Maschinengewehr*
l. 21/22	el tropezón providencial	*ein wie von der Vorhersehung bestimmtes Stolpern*
l. 22/23	arrojar	lanzar
l. 22	el fango	el barro; *Schlamm*
l. 22	el barranco	*Schlucht, Klamm*
l. 23	la hoya	el agujero
l. 23	encharcado/-a	mojado/-a, con agua (charco)
l. 24	el arroyo	río pequeño
l. 25	guarecerse	esconderse, protegerse, refugiarse
l. 31	de alimaña acosada:	*hier: wie ein in die Enge getriebenes Tier*
l. 35	miope	*kurzsichtig*
l. 37	chupado/-a	*hier: schmal, eingefallen*
l. 37	el pómulo	*Wangenknochen*
l. 38	harapiento/-a	*zerlumpt*
l. 39	el SIM	Servicio de Información Militar, agencia de inteligencia de la Segunda República

l. 40	redimir	librar, salvar
l. 41	el prófugo	el fugitivo, persona que se ha escapado
l. 44	el pavor	el susto
l. 50	la ostentación	*Aufschneiderei, Prahlerei*
l. 51	indagador/-a	*forschend*

Teil I: Comprensión de texto — 10 VP Inhalt

Arbeitsanweisungen:

- Notieren Sie jeweils die korrekte Lösung und, falls verlangt, einen Textbeleg.
- Geben Sie für Ihren Beleg jeweils die Zeilen im Text an und notieren Sie die ersten und die letzten drei Wörter des Zitats.
- Sollte der Textbeleg weniger als sechs Wörter umfassen, notieren Sie das ganze Zitat.
- Achten Sie stets darauf, wie viele Textbelege verlangt werden.

1. Marque la solución correcta con una cruz (✗).

   Rafael Sánchez Mazas…

   ☐ es un militar que huye porque no quiere fusilar a sus presos.

   ☐ es republicano, por eso los nacionales lo quieren ejecutar.

   ☒ pertenece al bando nacional y se escapa de una ejecución. **1**

2. Marque con una cruz (✗) si la frase es verdadera (V) o falsa (F) y justifique su decisión con una cita del texto.

   a) Los hombres que han tenido que detenerse en el claro tienen miedo. — V ☒ F ☐

   Línea(s): 4-5 *Cita:* El terror se … unanimidad de autónoma a otra del grupo **1**

   b) Al principio, Rafael Sánchez Mazas está seguro de que van a matarlo. — V ☒ F ☐

   Línea(s): 7-8 *Cita:* Transcurre entonces un … va a morir **1**

3. Marque la solución correcta con una cruz (✗) y justifique su decisión con una cita del texto.

   Rafael Sánchez Mazas no quiere morir, por eso…

   ☐ decide escaparse hacia la carretera.

   ☐ piensa en esconderse detrás de una muralla de otros presos.

   ☒ planea correr hacia el bosque para esconderse allí.

   Línea(s): 14-16 *Cita:* Pero (pienso) sí…

   posibilidad de esconderse. 1

4. Marque con una cruz (✗) si la frase es verdadera (V) o falsa (F) y justifique su decisión con una cita del texto.

   a) Cuando las ametralladoras empiezan a disparar, Sánchez Mazas huye mientras los demás presos se echan al suelo. V ☒ F ☐

   Línea(s): 17-20 *Cita:* En ese momento

   … desemboca un arroyo 1

   alcanzado el breñal

   b) Sánchez Mazas intenta alejarse lo más posible de los soldados en el claro. V ☐ F ☒

   Línea(s): 24-26 *Cita:* Porque imagina con…

   cerca del claro. 1

   c) Cuando el soldado lo encuentra en su escondite, Sánchez Mazas pierde toda esperanza. V ☒ F ☐

   Línea(s): 33-34 *Cita:* Presa de la…

   ~~va a~~ entregarlo 1

   hora ha llegado

5. Marque la solución correcta con una cruz (✗) y justifique su decisión con una cita del texto.

   Rafael Sánchez Mazas…

   ☐ reconoce al soldado porque es un agente del SIM.

   ☒ se arrepiente de no haber muerto cuando murieron los otros presos.

   ☐ decide pelear a campo abierto en vez de morir allí en su agujero, sin dignidad ninguna.

Línea(s): 38 – ~~44~~ 52 *Cita:* Lo reconoce a

agujero sin dignidad. 1

compañeros de cárcel

6. Complete la frase con sus propias palabras.

   El joven soldado no mata a Mazas, sino

   que se acerca al hueco.

   En este momento, ~~alguien~~ una voz gritando pregunta si hay

   alguien por ahí.

   Línea(s): 54 *Cita:*

   ~~un grito cercano~~ 2

   alguien por ahí

Teil II.1: Análisis

10 VP Inhalt / 15 VP Sprache

Caracterice a Rafael Sánchez Mazas a partir de la información del texto. Relacione su situación con una obra literaria que usted conozca.

Teil II.2: Redacción

10 VP Inhalt / 15 VP Sprache

Elija **uno** de los siguientes temas:

a) Imagine que, cincuenta años más tarde, el soldado que ha encontrado a Sánchez Mazas escribe un artículo sobre aquel día para contar qué hizo y pensó. Redacte su testimonio.

o

b) La globalización es un fenómeno que nos afecta a todos. Explique cuáles son las consecuencias desde su punto de vista de este fenómeno mundial, poniendo algún ejemplo concreto de un país de habla hispana.

Lösungsvorschläge

Teil I: Comprensión de texto

Hinweis: *Bei der ersten Aufgabe geht es um das globale Leseverstehen, sprich, den gesamten Text.*

1. Rafael Sánchez Mazas…

   ☐ es un militar que huye porque no quiere fusilar a sus presos.

   ☐ es republicano, por eso los nacionales lo quieren ejecutar.

   ☒ pertenece al bando nacional y se escapa de una ejecución.

2. a) Los hombres que han tenido que detenerse en el claro tienen miedo. — V ☒ F ☐

   l. 4: «El terror se apodera del grupo»

   b) Al principio, Rafael Sánchez Mazas está seguro de que van a matarlo. — V ☒ F ☐

   ll. 7-8: «Transcurre entonces un […] va a morir»

3. Rafael Sánchez Mazas no quiere morir, por eso…

   ☐ decide escaparse hacia la carretera.

   ☐ piensa en esconderse detrás de una muralla de otros presos.

   ☒ planea correr hacia el bosque para esconderse allí.

   ll. 14-16: «Pero (piensa) sí […] posibilidad de esconderse»

4. a) Cuando las ametralladoras empiezan a disparar, Sánchez Mazas huye mientras los demás presos se echan al suelo. — V ☒ F ☐

   ll. 17-20: «En ese momento […] alcanzado el breñal»

   b) Sánchez Mazas intenta alejarse lo más posible de los soldados en el claro. — V ☐ F ☒

   ll. 24-26: «Porque imagina con […] cerca del claro»

   c) Cuando el soldado lo encuentra en su escondite, Sánchez Mazas pierde toda esperanza. — V ☒ F ☐

   ll. 33-34: «Presa de la […] hora ha llegado»

5. Rafael Sánchez Mazas…

   - [ ] reconoce al soldado porque es un agente del SIM.
   - [x] se arrepiente de no haber muerto cuando murieron los otros presos.
     ll. 40-42: «lo humilla como […] compañeros de cárcel»
   - [ ] decide pelear a campo abierto en vez de morir allí en su agujero, sin dignidad ninguna.

6. El joven soldado no **fusila/mata a Sánchez Mazas**, sino que **se acerca a él/se acerca al lugar donde se esconde**. En este momento, **una voz pregunta/otro soldado quiere saber si hay alguien por allí**.

Teil II.1: Análisis

a) ***Hinweis:*** *Charakterisieren Sie Rafael Sánchez Mazas auf Grundlage des Textes. Lesen Sie diesen genau durch, markieren Sie sich relevante Stellen und überlegen Sie, was man aus den Gedanken und Handlungen des Mannes schließen kann. Stellen Sie anschließend einen Bezug her zu einem Ihnen bekannten literarischen Werk. Es würde sich zum Beispiel die Geschichte „El desertor" von José María Merino anbieten.*

Rafael Sánchez Mazas es un hombre joven puesto que está ágil para escaparse. Se puede decir que es positivo y luchador. No se da por vencido, aunque la situación no parece tener salida (l. 11). Es un hombre de pensamiento frío ya que puede planear su escapada en un momento de gran tensión y miedo (ll. 11-17). Se muestra capaz de actuar y reaccionar rápidamente (ll. 19-20). A pesar de ser encontrado, mantiene la calma esperando el desenlace final. No pide nada, no llora, solo espera (ll. 44-46).

Además, Sánchez Mazas es un hombre orgulloso. Se arrepiente de no haber muerto junto con sus compañeros en la cárcel o bien a campo abierto, luchando. A la vez, se reprocha a sí mismo no tener coraje, aunque se puede decir que escapar en medio de una matanza sí exige valor (ll. 40-44).

Se puede suponer que Sánchez Mazas es un hombre inteligente. Según nos cuenta el texto, va a ser ministro de Franco. Su ideología política es la de los fascistas. Por otro lado, al ser poeta, es probable que sea un hombre de gran sensibilidad artística, un intelectual. En resumen, parece una figura contradictoria.

La situación de Sánchez Mazas se puede comparar con la del desertor en el cuento del mismo nombre de José María Merino. También en el cuento se narra la historia de un hombre que huye. Es decir, en ambos casos se trata de soldados que han huido para salvar la vida, para escapar de la guerra. Sin embargo, su voluntad de vivir es muy fuerte y los empuja a actuar en lugar de resignarse y aceptar su destino. No sabemos qué va a pasar con Rafael Sánchez Mazas, pero la historia del desertor no tiene final feliz: muere durante la huida.

En el cuento se puede encontrar otro paralelismo con la situación de Sánchez Mazas. Es el momento en el que algunos prisioneros de guerra pasan por el pueblo donde vive la mujer del desertor. Son hombres tristes, harapientos, que en vez de asustar dan pena. La mujer se da cuenta del sufrimiento y de la tristeza que la guerra trae para ambos bandos. También en el fragmento de novela, los soldados que vigilan a Rafael Sánchez Mazas y a sus compañeros son flacos y llevan uniformes desgastados (ll. 36-38). Así, en los dos textos se puede ver que ambos bandos, vencedores y vencidos, carceleros y presos, son tan solo hombres que intentan sobrevivir. *(413 palabras)*

Teil II.2: Redacción

a) ***Hinweis:*** *Sie sollen hier die Handlung aus der Sicht des Soldaten zusammenfassen, der Sánchez Mazas in seinem Versteck entdeckt, und sich zudem eine Fortsetzung der Geschichte überlegen. Gehen Sie dabei auch darauf ein, was der Soldat an diesem Tag denkt und fühlt, um sein Handeln zu begründen. Verfassen Sie den Text in der ersten Person, da es sich um ein* testimonio *handelt.*

La guerra continuaba y cada día pasábamos más hambre, frío y pena. Nuestros uniformes ya estaban muy gastados, el viento, el agua y el frío los habían convertido en harapos. Aquel día, que aún recuerdo como si fuera ayer, habíamos llevado a un grupo de prisioneros nacionales por los bosques. La orden era matarlos a todos. Los pobres hombres temblaban de miedo. Sabían que iban a morir y estaban desesperados. Por suerte, yo no tuve que disparar al grupo e incluso me alegré cuando uno de ellos pudo escapar del fusilamiento. Se escapó por el bosque. Nos dieron la orden de buscarlo y fusilarlo. Al bajarme en un barranco, lo encontré en un agujero, tapado de barro. Me acerqué mientras él me miraba fijamente. Yo tenía mi arma al hombro, pero no pude, no pude matarlo. Esa cara de terror al verme, al pensar que era su última hora… No quería despertarme cada noche de mi vida viendo esa cara de pánico. No. Tan solo era un hombre, un soldado como yo, implicado en una guerra que, para mí, había perdido todo sentido desde hacía mucho tiempo. Me alejé del agujero, gritando a los demás que en el barranco no había nadie. No sé qué pasó con aquel hombre, cómo se llamaba, si sobrevivió la guerra… pero nunca he olvidado su mirada cuando se dio cuenta de que yo no lo iba a matar.

En 1939, nos derrotaron los nacionales. Logré huir a Francia para evitar que me capturaran y ejecutaran. Desde allí, emigré a Argentina y no regresé a España hasta 1975 cuando murió Franco. En todos esos años de exilio, sin embargo, nunca me arrepentí de no haber matado a aquel soldado nacional. *(277 palabras)*

b) ***Hinweis:*** *Erklären Sie die Bedeutung der Globalisierung und ihre Vor- und Nachteile. Stützen Sie Ihre Erläuterungen durch ein oder mehrere konkrete Beispiele (aus Lateinamerika). Themen, die Sie unterbringen können, sind zum Beispiel die teils sehr schlechten Arbeitsbedingungen und die Umweltverschmutzung (Müll, Wasserqualität).*

La globalización es un proceso que hace que todos los países del mundo estén intercomunicados a todos los niveles tanto económicos como sociales. Esta interdependencia es algo que ha evolucionado a pasos agigantados en las últimas décadas. Hoy nos parece normal que nuestros productos vengan de China, Japón, Argentina… es decir, comer fresas en invierno o ir al supermercado para comprar productos que no se fabrican en nuestro país no es nada especial. Pero estas ventajas tan grandes para el consumidor en muchos casos se basan en la explotación de los trabajadores en los países en vías de desarrollo y pueden acarrear grandes problemas al medioambiente.

Los obreros (muchos de ellos niños) que fabrican las mercancías que luego se venden en nuestros supermercados y tiendas muchas veces trabajan en condiciones laborales inhumanas. Ganan muy poco y no tienen seguro de enfermedad ni plan de pensiones. Además, su trabajo puede dañar la salud o incluso les puede costar la vida.

En cuanto al medioambiente, el transporte de estas mercancías implica un gasto de combustible, producción de basura (plásticos, envoltorios para protección en los largos transportes) así como el deterioro de nuestro aire y agua. Sobre todo en los países menos desarrollados hay en muchos casos incumplimiento de las leyes que regulan el medioambiente. En las plantaciones de plátanos de Costa Rica o Colombia, por ejemplo, se usan bolsas de plástico para que los plátanos maduren antes. Este plástico llega en muchos casos al mar y es comido por especies marinas, por ejemplo las tortugas, causándoles la muerte.

Es necesario que exista una concienciación mundial de lo que significa estar interconectados. Tenemos que empezar por nosotros mismos, es decir, nosotros podemos elegir si compramos productos regionales, si apoyamos el llamado comercio justo, cómo usamos la energía o si reciclamos. Todos decidimos. *(296 palabras)*

Material A

«Historia de una maestra» de Josefina Aldecoa

El siguiente texto es un fragmento de la novela «Historia de una maestra» en la que la yo-narradora, Gabriela, cuenta su vida como maestra durante la Segunda República española. Gabriela está casada con Ezequiel, maestro también. La pareja vive en un pueblo en la España rural cuyo alcalde se llama don Cosme. Gabriela y Ezequiel acaban de tener a su primera hija.

—La niña no se va a bautizar nunca —dijo [Ezequiel]. Yo se lo diré al Cura si vuelve a preguntarnos…

Yo estaba convencida de que ésa era la respuesta que Ezequiel iba a darme, y también, la que yo deseaba que me diera. Pero una sombra de preocupación me envolvió. Era fácil adivinar que aquél sería el comienzo de una sorda guerra entre el Cura y las gentes que le apoyaban y nosotros, con los pocos vecinos que habían gritado, aquel día de abril, viva la República.

—Todo va a cambiar quieran ellos o no —dijo Ezequiel—. Va a cambiar y nuestra hija crecerá en una tierra sin fanatismos ni injusticias… Le brillaban los ojos de la emoción. Para ocultar la mía, acaricié a la niña y dije:

—Todo va a cambiar y algún día cogeremos a esta niña y a los niños de nuestras escuelas y nos iremos todos juntos, en un autobús grande, a ver el mar…

Si yo quisiera explicar lo que era entonces para mí la política, no sabría. Yo creía en la cultura, en la educación, en la justicia. Amaba mi profesión y me entregaba a ella con afán. ¿Todo esto era política? […].

«Es deber imperativo de las democracias el que todas las escuelas, desde la maternal a la Universidad, estén abiertas a todos los estudiantes en orden no a sus posibilidades económicas sino a su capacidad intelectual», decía un decreto publicado en la *Gaceta.*

En un artículo se arengaba a los maestros: «La República se salvará por fin por la escuela. Tenemos ante nosotros una obra espléndida, magnífica. Manos pues a la obra». ¿Era eso política? Al parecer lo era. No habían pasado quince días desde la proclamación de la República y ya teníamos a don Cosme en casa, ladino y conciliador. Venía a ver a la niña y a advertirnos de los peligros que iba a encerrar para nosotros el apoyo incondicional de la nueva República.

—Dejarse de políticas. Las políticas que las hagan ellos en el Parlamento. Nosotros aquí en el pueblo, paz y respeto para todos —y acto seguido—: Y no me diga, Gabriela, que con estas modas de la República no va usted a bautizar a la niña, que no me la va a dejar mora, tan preciosa como es la criatura…

La suerte estaba echada. Fuera o no política, estaba claro que nuestras ideas estaban en total acuerdo con las que la República proclamaba a los cuatro vientos.

«Tenemos el deber de llevar a las escuelas las ideas esenciales en que se apoya la República: libertad, autonomía, solidaridad, civilidad.»

—A la sobrina de Amadeo le han puesto el nombre de Libertad —me dijo Ezequiel cuando nació la niña.

—Está bien, allá ellos. Pero nuestra hija se va a llamar Juana como tu madre —le contesté yo.

Él guardó silencio y yo me irrité.

—No empieces a engañarte con las palabras —le dije—. La libertad está ahí y hay que luchar por ella pero no empieces a conformarte con las palabras. Las palabras se gastan y pierden brillo. Los hechos no…

La niña se llamó Juana y no fue bautizada. Después de la nuestra, habían nacido dos niños más y sus padres tampoco quisieron bautizarlos.

—El Cura debe estar furioso —le comenté a Ezequiel—. Lo único que temo es que crea que es obra nuestra.

Así que en la próxima clase de adultos Ezequiel lo dejó todo muy claro: que nosotros habíamos decidido libremente no bautizar a la niña, pero que ellos consideraran, también libremente, su decisión, porque no se trataba de alardear de nada que no hubiese sido firmemente meditado. Que no se trataba de ir en contra de nadie ni provocar a nadie y menos aún de perder el respeto a los que no pensaban como nosotros.

—Yo no pierdo el respeto a nadie —dijo uno de los padres rebeldes—. Ellos son los que me lo tienen perdido desde hace mucho. Yo no voy a la Iglesia porque no quiero y no bautizo a mi hijo porque no quiero. Pero no voy a disimular porque a ellos les moleste. ¿Disimulan ellos cuando bautizan a los suyos por si me molesta a mí?

«Ellos» se había convertido en un vocablo cargado de misterios y suposiciones. Para los republicanos «ellos» eran don Cosme y el Cura y los que compartían sus opiniones. A su vez «ellos» éramos nosotros para don Cosme y sus aliados.

En los pueblos pequeños y alejados de las ciudades como los nuestros, las primeras reacciones frente a la República fueron el desconcierto y la desconfianza.

(765 palabras)

Josefina Aldecoa: «Historia de una maestra», Madrid, segunda edición 2007, pp. 109-112

Wortangaben und Erläuterungen:

l. 1	bautizar:	*taufen*
l. 14	entregarse a:	dedicarse a
l. 15	el afán:	el esfuerzo
l. 19	*Gaceta*:	periódico republicano
l. 23	ladino/-a:	*verschlagen, listig*
l. 29	dejar moro/-a:	*hier: nicht taufen*
l. 38	irritarse:	enfadarse
l. 48	alardear de:	*prahlen mit*
ll. 48-49	hubiese:	sinónimo: hubiera

Teil I: Comprensión de texto **10 VP Inhalt**

Arbeitsanweisungen:

- Geben Sie jeweils die korrekten Lösungen an.
- Notieren Sie jeweils die Zeilen der Textzitate und schreiben Sie jeweils die ersten drei und die letzten drei Wörter Ihres Zitates auf.
- Wenn das Zitat sechs oder weniger als sechs Wörter umfasst, notieren Sie das ganze Zitat.
- Beachten Sie bei jeder Aufgabe die Anzahl der erwarteten Zitate.

1. Marque la solución correcta con una cruz y justifique su decisión con el número de citas indicado en cada caso.

   a) Las palabras de Ezequiel sobre el bautizo de la hija le provocan a Gabriela…

   - [ ] tristeza.
   - [x] satisfacción.
   - [ ] indiferencia.

   Línea(s): 3-4 *Cita:* Yo estaba convencida…

   que me diera **1**

   b) Gabriela siente que la cuestión del bautizo puede…

   - [ ] llevar a un conflicto entre Ezequiel y los padres de la clase de adultos.
   - [x] tener consecuencias negativas para la convivencia en el pueblo.
   - [ ] ser la causa de un conflicto entre ella y Ezequiel.

   Línea(s): 5-7 *Cita:* era fácil adivinar…

   … viva la República **1**

c) Don Cosme va a la casa de la pareja porque…

- [ ] quiere dejar la politica.
- [X] desea que la niña sea católica.
- [ ] quiere ofrecer su apoyo a la familia.

Línea(s): 27-29 *Cita:* Y no me [illegible] a dejar mora 1

d) Don Cosme habla de las ideas de la República con…

- [X] desprecio.
- [ ] respeto.
- [ ] inquietud.

Línea(s): 28 *Cita:* Dejarse de políticas… en el Parlamento con estas modas de la República 1

e) Gabriela aconseja a Ezequiel que…

- [ ] hable con el cura.
- [X] se deje de tanta teoría ideológica.
- [ ] convenza a los padres de su ideología. No [illegible]

Línea(s): 40-41 (37) *Cita:* Las palabras se … Los hechos no 1

f) En clase, Ezequiel propone a los padres que…

- [X] decidan según sus reflexiones individuales.
- [ ] tampoco bauticen a sus hijos.
- [ ] bauticen a sus hijos.

Línea(s): 46-48 *Cita:* Así que en ~~que nosotros habíamos~~ libremente, su decisión 1

g) Lo más importante para uno de los padres que asiste a las clases de Ezequiel es…

- [x] vivir de acuerdo con sus convicciones.
- [ ] mantener la paz en el pueblo.
- [ ] provocar a los católicos.

Línea(s): 52-53 *Cita:* Yo no voy… porque no quiero 1

2. Indique a qué personajes del texto se refieren las siguientes afirmaciones. Es posible que varias informaciones se refieran a un mismo personaje.

a) Se pronuncia a favor de la tolerancia sin condiciones.

Nombre: ~~La República~~ Ezequiel

Línea(s): ~~25~~ 49-50 *Cita:* el apoyo incondicional de la República 1

b) Siente un entusiasmo sin límites ante un futuro prometedor.

Nombre: ~~Gabriela~~

Línea(s): 38-40 *Cita:* La libertad está luchar por ella 1

c) Aunque apoya las ideas republicanas, no renuncia a ciertas tradiciones.

Nombre: Gabriela

Línea(s): 36 *Cita:* Pero nuestra hija como tu madre 1

Teil II.1: Análisis

10 VP Inhalt / 15 VP Sprache

Las posturas ideológicas se manifiestan en las vidas de los personajes, lo que da lugar a conflictos entre ellos. Analice cómo se presenta esta temática en el fragmento. Compare los resultados de su análisis con el modo en que se refleja esta temática en otro cuento leído en la clase de español.

Teil II.2: Redacción

10 VP Inhalt / 15 VP Sprache

Elija **uno** de los siguientes temas:

a) El programa Erasmus ofrece a los estudiantes europeos la posibilidad de estudiar en otro país europeo durante un máximo de un año. En los casi 30 años de su existencia, más de 2 millones de universitarios europeos han recibido ya la beca Erasmus. El programa está financiado tanto por la Unión Europea como por los estados miembros.

Debido a la crisis económica, la Unión Europea y, sobre todo, el Gobierno español están considerando limitar su apoyo financiero al programa. Desde la perspectiva de un/una joven español/-a, justifique la necesidad de mantener este programa.

o

b) Interprete la caricatura en el contexto histórico y actual de Latinoamérica.

Fuente: http://elpais.com/diario/2011/07/23/vinetas/1311372003_850215.html

Anotación:
Texaco, Toshiba, De Beers, Monsanto, Philip Morris, Repsol: empresas multinacionales

Lösungsvorschläge

Teil I: Comprensión de texto

1. a) Las palabras de Ezequiel sobre el bautizo de la hija le provocan a Gabriela…

- [ ] tristeza.
- [x] satisfacción.
  ll. 3-4: «Yo estaba convencida […] que me diera.»
- [ ] indiferencia.

b) Gabriela siente que la cuestión del bautizo puede…

- [ ] llevar a un conflicto entre Ezequiel y los padres de la clase de adultos.
- [x] tener consecuencias negativas para la convivencia en el pueblo.
  ll. 5-7: «Era fácil adivinar […] viva la República.»
- [ ] ser la causa de un conflicto entre ella y Ezequiel.

c) Don Cosme va a la casa de la pareja porque…

- [ ] quiere dejar la política.
- [x] desea que la niña sea católica.
  ll. 27-29: «Y no me […] es la criatura…»
- [ ] quiere ofrecer su apoyo a la familia.

d) Don Cosme habla de las ideas de la República con…

- [x] desprecio.
  l. 28: «con estas modas de la República…»
- [ ] respeto.
- [ ] inquietud.

e) Gabriela aconseja a Ezequiel que…

- [ ] hable con el cura.
- [x] se deje de tanta teoría ideológica.
  ll. 39-41: «No empieces a […] Los hechos no…»
- [ ] convenza a los padres de su ideología.

f) En clase, Ezequiel propone a los padres que…

☒ decidan según sus reflexiones individuales.

ll. 46-49: «Así que en […] sido firmemente meditado»

☐ tampoco bauticen a sus hijos.

☐ bauticen a sus hijos.

g) Lo más importante para uno de los padres que asiste a las clases de Ezequiel es…

☒ vivir de acuerdo con sus convicciones.

ll. 52-54: «Yo no voy […] ellos les moleste»

☐ mantener la paz en el pueblo.

☐ provocar a los católicos.

2. a) Se pronuncia a favor de la tolerancia sin condiciones.

   Nombre: **Ezequiel**

   ll. 49-50: «Que no se […] pensaban como nosotros»

   b) Siente un entusiasmo sin límites ante un futuro prometedor.

   Nombre: **Ezequiel**

   ll. 8-10: «Todo va a […] de la emoción»

   c) Aunque apoya las ideas republicanas, no renuncia a ciertas tradiciones.

   Nombre: **Gabriela**

   ll. 36-37: «Está bien, allá […] le contesté yo»

Teil II.1: Análisis

Hinweis: *Basierend auf dem Textauszug aus „Historia de una maestra" sollen Sie den Konflikt zwischen zwei gegensätzlichen ideologischen Positionen herausarbeiten. Dieser ist im vorliegenden Fragment klar umrissen: Die Weigerung, ihre Tochter taufen zu lassen, bringt das Lehrer-Ehepaar Gabriela und Ezequiel im ländlichen Spanien in Opposition zu Kirche (el Cura) und Obrigkeit (don Cosme, el alcalde). Der Konflikt spiegelt das Problem der sogenannten Zwei Spanien* (dos Españas) *wieder, die Spaltung der spanischen Gesellschaft in zwei ideologische Lager, die schließlich in den Bürgerkrieg mündete.*

Sehr deutlich kommt dieser Dualismus am Ende des Fragments zum Ausdruck, wo mit „ellos" jeweils eine Abgrenzung vorgenommen wird je nach Standpunkt des Betrachters.

Zudem ist der vorliegende Romanauszug voller intertextueller Verweise auf ideologische Positionen der neu gegründeten Republik (Z. 16–22, 32–33). Dabei geht es insbesondere um die Rolle des Bildungswesens.

Für einen Vergleich bieten sich verschiedene cuentos *an, zum Beispiel „La lengua de las mariposas" von Manuel Rivas, „Coro" von Ramiro Pinilla, „El desertor" von José María Merino und (im folgenden Lösungsvorschlag näher ausgearbeitet) „La purificación" von José Jiménez Lozano. Beschränken Sie sich in jedem Fall auf* **ein** cuento, *wie in der Aufgabenstellung vorgegeben.*

En el fragmento de novela se muestra bien el problema de las «dos Españas» durante la Segunda República, representadas por un lado por Gabriela, Ezequiel y algunos de sus estudiantes y por otro lado por don Cosme y el Cura.

Gabriela, la narradora en primera persona, y su marido Ezequiel son profesores y partidarios de la Segunda República. Gabriela comparte las ideas de su marido, por ejemplo la del laicismo: no van a bautizar a su hija (ll. 3-4). Sin embargo, el nombre que Gabriela ha dado a su hija muestra que no renuncia a ciertas tradiciones (l. 36). A parte de eso, le importan más la educación y la justicia que la política en sí misma (ll. 13-15). La propaganda política le parece muy abstracta (p. ej. ll. 16-19). Gabriela está preocupada porque no quiere provocar a las autoridades, el alcalde don Cosme y el Cura, por la decisión de no bautizar a la niña (l. 4). Por eso, cuando dos parejas en el pueblo deciden que tampoco van a bautizar a sus hijos, Ezequiel, en la siguiente clase de adultos, anima a sus estudiantes a que desarrollen sus propios conceptos (ll. 46-50). Es decir que Gabriela y Ezequiel, por un lado, se comprometen con los ideales republicanos; por otro lado, se muestran prudentes, tomando precauciones para proteger a su propia familia.

El alcalde Don Cosme y el Cura, por su parte, intentan conservar su mundo de antaño y, sobre todo, su poder. Don Cosme incluso les hace una visita a Gabriela y Ezequiel para amenazar e intimidar a la pareja (ll. 24-29).

El dualismo entre las dos Españas es obvio. Se designa como «ellos» siempre a los «otros», en oposición con «nosotros» (ll. 51-58), dejando muy claro la posición irreconciliable que adoptan ambos bandos.

Comparando el fragmento de novela con el cuento «La Purificación» de José Jiménez Lozano, encontramos tanto semejanzas como diferencias. El cuento también trata de un profesor, Don Celes. Compartía las ideas de la Segunda República, pero fue «purificado» después de la Guerra Civil. En clase, un inspector quiere comprobar que el profesor ha abandonado sus convicciones de verdad. Es evidente que el funcionario saborea su autoridad, insistiendo en el concepto del mundo conservador y religioso del franquismo. Don Celes, humilde, acepta las correcciones del inspector.

En ambos textos las ideas republicanas de los profesores llevan a conflictos con las «autoridades». Sin embargo, Gabriela y Ezequiel todavía pueden esperar que la Segunda República supere los obstáculos, mientras que en el caso de Don Celes la República ya ha fracasado. Es decir, su situación es mucho más precaria. No sabemos qué va a pasar con Gabriela y Ezequiel, pero Don Celes ha abandonado sus ideales. Hay también una diferencia en cuanto a los estudiantes. Los estudiantes de Ezequiel son en parte adultos (l. 46) que forman sus propias ideas. En cambio, los alumnos de Don Celes todavía son niños y no se atreven a contradecir al inspector.

(491 palabras)

Teil II.2: Redacción

a) ***Hinweis:*** *Falls Sie das Austauschprogramm „Erasmus" nicht kennen, können Sie der Aufgabenstellung die wichtigsten Informationen dazu entnehmen. Vielleicht haben Sie im Unterricht auch den Film „Auberge espagnole" („Una casa de locos") durchgenommen.*
Die Aufgabenstellung bringt die aktuelle Wirtschaftskrise mit ins Spiel, die dazu führt, dass insbesondere die spanische Regierung finanzielle Kürzungen beim Erasmus-Programm in Erwägung zieht.
Sie sollen einen argumentativen Text aus der Sicht eines/einer spanischen Jugendlichen verfassen, die sich für den Erhalt des EU-Programms stark macht. Legen Sie dazu die Vorteile (für die Studierenden, aber auch für die Finanzgeber) eines Studienaufenthalts im Ausland dar und bringen Sie auch Ihr Hintergrundwissen zur aktuellen Lage in Spanien und Europa ein.

Para nosotros, los jóvenes de España, el programa Erasmus es muy importante. Nos da la posibilidad de estudiar en otros países europeos, aprender otras lenguas, como también conocer la vida en otra cultura. Todo eso contribuye a que estemos mejor preparados para encontrar un puesto de trabajo en el futuro.
Nosotros somos europeos. No hace tanto tiempo que España era un país agrícola con un sistema casi feudal, aislado en su situación peninsular, retrasado y subdesarrollado en comparación con los demás países europeos. Esto, afortunadamente, ha cambiado y no queremos volver nunca a una situación semejante. Por esta razón es imprescindible que nosotros salgamos del país para abrirnos nuevos horizontes y mostrarnos abiertos hacia Europa y que los estudiantes de otros países vengan a España para conocer nuestro país y nuestra cultura. Además, las guerras y muchos conflictos del siglo pasado han mostrado que es importante conocer y entender a otras naciones para poder asegurar la paz de manera sostenible.
En los últimos años lamentablemente se ha notado un crecimiento de las tendencias xenófobas en la sociedad española. El racismo muchas veces lo causa el miedo a lo diferente y desconocido. Hace falta cambiar el punto de vista y adoptar la perspectiva del extranjero. Somos extranjeros en todos los países del mundo excepto en nuestro país de origen. Debemos luchar la discriminación y fomentar la tolerancia.
Aparte de los aspectos mencionados, a largo plazo el programa Erasmus tiene ventajas para la economía nacional. Primero, hoy en día es obligatorio dominar varios idiomas, saber hablar inglés perfectamente y tener conocimientos de ale-

mán, francés o italiano. Como se sabe, las lenguas no se aprenden en casa, sino mejor en el mismo país. Segundo, los nuevos contactos personales pueden ayudar a establecer relaciones entre empresas de diferentes países europeos y así crear nuevos puestos de trabajo. Estos contactos también pueden ayudar a que los jóvenes encuentren un puesto de trabajo en el extranjero para que obtengan experiencia que luego podrán utilizar en el país de origen.
En mi opinión, la Unión Europea y sobre todo el Gobierno español se revelan muy cortos de miras al limitar el apoyo financiero a un programa que nos puede servir tanto, pero tanto, en el porvenir. Son tiempos difíciles para la idea europea. En muchos países los partidos derechistas, críticos de la Unión Europea, ganan en influencia. Hoy más que nunca es imprescindible crear y fomentar una identidad europea. *(402 palabras)*

b) ***Hinweis:*** *Der Bildimpuls, ein Cartoon des Zeichners El Roto aus der Zeitung „El País", spielt auf bekannte Darstellungen der Eroberung des amerikanischen Kontinents an, wie auch aus dem Textteil hervorgeht. Beachten Sie die – allerdings sehr allgemein gehaltene – Erläuterung, dass es sich bei den Eigennamen um multinationale Konzerne handelt.*
Der Operator „interpretar" beinhaltet eine Beschreibung des Bildgehaltes, bevor zur Analyse/Interpretation übergegangen wird. Zur Bearbeitung der Aufgabe benötigen Sie etwas Hintergrundwissen zu Neokolonialismus und Globalisierung sowie zumindest zu einigen der genannten Konzerne. Texaco und Repsol sind Mineralölkonzerne, der japanische Technologiekonzern Toshiba produziert auch in den sogenannten „maquiladoras" im Grenzgebiet zwischen Mexiko und USA, in Nicaragua, Guatemala und Honduras. De Beers fördert Diamanten und andere Rohstoffe. Der Tabakmulti Philip Morris hat das Land Uruguay wegen seiner Anti-Tabak-Kampagne verklagt. Monsanto ist der weltgrößte Hersteller von gentechnisch verändertem Saatgut und versucht in Lateinamerika stark zu expandieren.
Wenn Sie sich zu den Themen „Globalisierung" und „Neokolonialismus" näher informieren möchten, finden Sie zum Beispiel im Amnesty Journal zahlreiche Artikel über lateinamerikanische Länder (z. B. Amnesty Journal 08/09 2011: Ecuador-Wie ein Ölkonzern Land und Leute verpestet (Texaco); Amnesty Journal 01/2013: Land und Freiheit – Indigene und Bodenschätze (Ecuador, Peru, Guatemala, Bolivien) oder Amnesty Journal 06/07 2013: Landplage – Wie der globale Wettlauf um Ackerflächen Menschenrechte verletzt.) Auch der deutsche Dokumentarfilm „Wenn das Land zur Ware wird" (Deutschland/Mexiko 2014) ist in diesem Zusammenhang interessant.

En la viñeta de El Roto, publicada en «El País» en 2011, se ve a un conquistador armado por una lanza que acaba de llegar en barco a una playa. En el momento de pisar por primera vez la tierra dice (a nadie en especial) que toma posesión del territorio en nombre de varias empresas multinacionales. Con la mano derecha hace un gesto que parece solemne y orgulloso.

La viñeta alude tanto al contexto histórico como actual en Latinoamérica. Establece un paralelismo entre los tiempos de la conquista y la colonización y las formas modernas del neo-liberalismo o del neo-colonialismo. En otra época, los conquistadores españoles tomaron posesión de las tierras ajenas en nombre de los Reyes Católicos y de la Iglesia Católica. Aquí, en vez de los poderes históricos, aparecen los nombres de empresas multinacionales de la actualidad: *Texaco, Toshiba, De Beers, Monsanto, Philip Morris, Repsol,* etc. Lo que tienen en común el conquistador de los tiempos de Colón y el de nuestro tiempo es que no respetan la soberanía de los países conquistados, sino que muestran su presunta superioridad.
Si echamos la vista atrás a la historia de Latinoamérica, hay que destacar que después de independizarse de España, muchos países pasaron de una dominación a otra, es decir que cayeron bajo la influencia política y económica estadounidense. Esta dominación ajena se está prolongando hasta hoy en día. Solo cambiaron los nombres de las empresas. En vez de *United Fruit Company* hoy se llaman *Monsanto, Texaco* o *Repsol.* Las multinacionales explotan los recursos naturales y la mano de obra de los países latinoamericanos imponiendo sus estructuras, por ejemplo los monocultivos agroalimentarios o las maquiladoras (fábricas en tierras latinoamericanas donde se pagan sueldos de miseria y las condiciones de trabajo son lamentables e inseguras). En numerosas ocasiones alimentan conflictos y abusos e incrementan la pobreza. Hay que destacar que los pueblos indígenas son especialmente vulnerables y no se benefician de las riquezas de su tierra.
A lo largo de la historia latinoamericana algunos países intentaron volver a ganar el control de sus materias primas bajo gobiernos de izquierdas (Cuba, Chile, Venezuela etc.). Sin embargo, muchas de estas nacionalizaciones han causado tensiones diplomáticas y han generado nuevos problemas. En mi opinión, sería un primer paso si las empresas multinacionales respetaran los derechos humanos, se comprometieran con la protección del medio ambiente y contribuyeran al desarrollo sostenible. Los gobiernos, por su parte, deberían controlar mejor a estas empresas para proteger la naturaleza, la población y también la economía nacional.

(417 palabras)

Material A

Hijo busca madre; madre busca hijo

Miles de personas dudan: ¿y si yo fui también un niño robado? Esta es la historia de las redes ligadas durante años al tráfico de bebés. Dónde y cómo. Por cuánto dinero. Por qué motivo.

Hasta 1950, ocurrió en las cárceles franquistas y en los hogares de maquis o republicanas: les arrebataban a sus hijos como un método más de la represión. A partir de entonces y durante las cuatro décadas siguientes, el robo o apropiación de niños se perpetraron de forma más sutil, en clínicas y casas cuna, la mayoría ligadas a organizaciones religiosas. Las madres ya no eran presas, rojas o esposas de rojos, sino mujeres en camisón que intimidadas por un médico, aturdidas por el dolor de haber perdido supuestamente al hijo recién nacido, lamentan hoy no haber insistido más para que les enseñaran el cadáver. Generalmente eran madres solteras, muy jóvenes y con pocos recursos, incapaces de reaccionar frente a la presión de médicos, monjas y funcionarios.

En muchos casos, tales mujeres fueron inducidas o coaccionadas a dar en adopción a sus hijos a redes irregulares, fuera de cualquier control estatal. «Había un mercado que demandaba niños en adopción y hubo mucha gente que creó un sistema para satisfacer esa demanda», explica con crudeza el sociólogo Francisco González de Tena, que lleva años entrevistando a las víctimas.

Durante el último lustro, aquellos niños dados en adopción se han ido organizando a través de Internet, en un movimiento que ha estallado como un tsunami y ha forzado a la Fiscalía General del Estado a actuar. Aquellos niños—hoy ya hombres y mujeres—buscan afanosamente a sus madres biológicas. «Nos sentimos como un árbol sin raíces, como amputados», confiesa María. Esta joven fue dada en adopción en la clínica San Ramón de Madrid, una de las mayores fábricas de bebés que funcionaron hasta hace 30 años, bajo la dirección del doctor Eduardo Vela, que hoy, a sus 77 años, sigue ejerciendo. También las madres que en su día dieron a sus hijos en adopción o se los arrebataron han empezado a buscarlos. Niños que buscan a madres; madres que buscan a niños.

En una primera fase, en la posguerra, estas tramas de tráfico de bebés tuvieron no solo una cobertura legal, sino el amparo del psiquiatra de cabecera del franquismo, Nicolás Vallejo-Nájera, quien ideó una suerte de «eugenesia positiva», casi hitleriana, para «multiplicar a los selectos y dejar que perezcan los débiles». Ese siniestro plan incluía el robo de niños para entregárselos a familias del Régimen. El sociólogo González de Tena, que redactó para el juez Baltasar Garzón un informe sobre el robo de niños, asegura que tras esa primera etapa en la que los bebés eran sustraídos a puñados en las cárceles (hasta 30.000 según el cálculo del juez), llegó una fase que tuvo como víctimas principales a las madres solteras, las jóvenes o las humildes, herederas de los vencidos de la Guerra Civil, «incapaces de protestar». Superada la posguerra, el tráfico de niños continuó durante el tardofranquismo y la Transición. El nexo de unión entre un periodo y otro, el telón de fondo común, aunque sin conexión entre sí, son tramas formadas por sacerdotes, monjas, médicos ultracatólicos y probablemente jueces y notarios. La mayoría de los casos conocidos se produjeron en clínicas o casas cuna controladas por instituciones como las Hijas de la Caridad. [...]

En casi todos los casos, a las madres les dijeron que el bebé al que acababan de dar a luz había muerto y las convencían de que ver el cadáver era un trauma innecesario. Cuando, al escuchar a otras madres, han dudado si su bebé había fallecido o se lo habían quitado, han acudido a los cementerios y muchas han comprobado que no constan en los registros, lo que indica que las tramas podían tener compinches en cementerios y funerarias. Las sospechas se han visto reforzadas ahora con el caso de una mujer de Barcelona que ha hallado viva a la hija a la que dio a luz hace 40 años. A ella le dijeron que la chiquilla había muerto al nacer, pero el ADN ha demostrado que aquello fue una gran mentira: fue dada en adopción. *(698 palabras)*

Jesús Duva/Natalia Junquera: Hijo busca madre; madre busca hijo, http://elpais.com/diario/2011/03/06/domingo/1299387153_850215.html

Wortangaben:

l. 2/7	ligado, -a	relacionado
l. 4	a) el maquis	guerrilla de resistencia antifranquista durante la posguerra civil española
	b) el/la maquis	miembro de la guerrilla
l. 5	arrebatar	quitar con violencia o fuerza
l. 7	perpetrar	cometer un delito o una falta grave
l. 7/43	la casa cuna	lugar donde se acoge a niños pobres o abandonados
l. 9	aturdido, -a	*hier: benommen sein*
l. 14	inducir, coaccionar	forzar u obligar a decir o hacer algo
l. 21	la Fiscalía General del Estado	*Generalstaatsanwaltschaft*
l. 29/41	la trama	aquí: red oculta
l. 30	la cobertura legal	apoyo legal
l. 30	el amparo	protección
l. 31	una suerte de	aquí: un tipo de
l. 31	la eugenesia	*Erbgesundheitslehre*
l. 35/36	a puñados	en grandes cantidades
l. 43	las Hijas de la Caridad	congregación de monjas
l. 51	el ADN	*DNA*

Teil I: Comprensión de texto 10 VP

1. Relacione las afirmaciones de la izquierda (números) con las de la derecha (letras). Hay sólo una respuesta correcta para cada número. Escriba la letra correspondiente en el cuadro al lado de cada número. No es necesario indicar una cita del texto.

1. En una primera fase robaron a los niños de las mujeres… 2. Algunas mujeres se hacen reproches… 3. Robaban a los bebés de mujeres desfavorecidas… 4. Se estableció un comercio clandestino de bebés…	a) porque no eran posibles las adopciones regulares. b) porque éstas estaban en contra del sistema político. c) porque solicitaron un castigo para los culpables. d) porque aceptaron demasiado rápido la información que les habían dado. e) porque muchas familias tenían interés en los recién nacidos. f) porque no estaban casadas. g) porque éstas eran vulnerables.

1. g b	2. d	3. g	4. e

4

2. Marque con una cruz si la frase es verdadera (v) o falsa (f) y justifique su decisión con una cita del texto.

Aviso importante:

- Indique las líneas del texto correspondientes a la cita y escriba las primeras tres y las últimas tres palabras de la respectiva cita.
- Si la cita contiene seis palabras o menos, anote la cita entera.

a) Las organizaciones de víctimas van creciendo rápidamente en número e influencia política. v [X] f [ ]

Línea(s): 19-21 *Cita:* Durante el último … Estado a actuar

1

b) A los hijos robados les falta una parte de su identidad. v [X] f [ ]

Línea(s): 22-23 *Cita:* Nos sentimos como … raíces, como amputados

1

		v	f
c)	Con el final del franquismo se suspendió la práctica de las adopciones forzadas.	☐	☒

Línea(s): 28-30 *Cita:* En una primera ...
cabecera del franquismo 1

		v	f
d)	El sistema de adopciones fue apoyado por grupos cercanos al Régimen.	☒	☐

Línea(s): 41-42 *Cita:* Ese siniestro plan...
familias del Régimen 1

		v	f
e)	A las madres biológicas se les daba la posibilidad de ver a sus hijos recién nacidos.	☐	☒

Línea(s): 44-46 *Cita:* En casi todos...
un trauma innecesario 1

		v	f
f)	Al buscar a sus niños perdidos, las madres encontraron listas con sus nombres en los cementerios.	☐	☒

Línea(s): 46-48 *Cita:* Cuando, al escuchar...
en los registros 1

Teil II.1: Análisis

10 VP Inhalt / 15 VP Sprache

Las mujeres vivieron la Guerra Civil española y los tiempos posteriores de distintas formas.
Analice los diferentes papeles que desempeñan las mujeres en este artículo y en uno o más cuentos leídos en la clase de español.

Teil II.2: Redacción

10 VP Inhalt / 15 VP Sprache

Elija **uno** de los siguientes temas:

a) 

Fuente: 2007, blogbibliodigete

En varios países latinoamericanos se llevan a cabo proyectos con el fin de regalar computadoras portátiles a todos los niños de escuelas de primaria públicas. Partiendo de la foto, comente este tipo de iniciativas considerando los cambios que supone el uso de los nuevos medios para los niños y su entorno.

o

b) España atrae a muchos turistas que buscan diversión sin límites, lo que puede conllevar comportamientos inadecuados. En verano de 2014, el Ayuntamiento de Palma de Mallorca aprobó varias reglas que prohíben, entre otras cosas, consumir alcohol en público o circular por la ciudad en bikini. Imagínese que usted vive en Palma de Mallorca.
Redacte un comentario sobre el tema para un periódico local.

Teil I: Comprensión de texto

1.

1. **b**	2. **d**	3. **g**	4. **e**

Hinweis

zu 1: *«Hasta 1950, ocurrió en las cárceles franquistas y en los hogares de maquis o republicanas: les arrebataban a sus hijos como un método más de la represión.» (ll. 4/5)*

zu 2: *«Las madres […] lamentan hoy no haber insistido más para que les enseñaran el cadáver.» (ll. 8-11)*

zu 3: *«Generalmente eran madres solteras, muy jóvenes y con pocos recursos, incapaces de reaccionar frente a la presión de médicos, monjas y funcionarios.» (ll. 11-13); «El sociólogo González de Tena […] asegura que […] llegó una fase que tuvo como víctimas principales a las madres solteras, las jóvenes o las humildes, herederas de los vencidos de la Guerra Civil, «incapaces de protestar». (ll. 33-38)*

zu 4: *«Había un mercado que demandaba niños en adopción y hubo mucha gente que creó un sistema para satisfacer esa demanda.» (ll. 15-17)*

2. a) Las organizaciones de víctimas van creciendo rápidamente en número e influencia política. — V ☒ F ☐

Líneas: **ll. 19-21** Cita: **«Durante el último […] Estado a actuar.»**

b) A los hijos robados les falta una parte de su identidad. — V ☒ F ☐

Líneas: **ll. 22/23** Cita: **«Nos sentimos como […] raíces, como amputados»**

c) Con el final del franquismo se suspendió la práctica de las adopciones forzadas. — V ☐ F ☒

Líneas: **ll. 38/39** Cita: **«Superada la posguerra […] y la Transición.»**
Líneas: **ll. 5-7** Cita: **«A partir de […] forma más sutil…»**
Líneas: **ll. 24/25** Cita: **«… la clínica San […] hace 30 años…»**

d) El sistema de adopciones fue apoyado por grupos cercanos al Régimen. — V ☒ F ☐

Líneas: **ll. 41/42** Cita: **«… son tramas formadas […] jueces y notarios.»**
Líneas: **ll. 41-43** Cita: **«… son tramas formadas […] de la Caridad.»**

		V	F
e)	A las madres biológicas se les daba la posibilidad de ver a sus hijos recién nacidos.	☐	☒

Líneas: **ll. 44-46** Cita: **«En casi todos [...] un trauma innecesario.»**
Líneas: **ll. 9-11** Cita: **«... intimidadas por un [...] enseñaran el cadáver.»**

		V	F
f)	Al buscar a sus niños perdidos, las madres encontraron listas con sus nombres en los cementerios.	☐	☒

Líneas: **ll. 46-48** Cita: **«Cuando, al escuchar [...] en los registros.»**

Teil II.1: Análisis

Hinweis: *Auf der Grundlage des vorliegenden Sachtextes sollen Sie die Rolle der Frau seit dem Bürgerkrieg bis heute analysieren. Freilich bietet der Ausgangstext dabei vor allem die Opfersicht der Mütter, die ihrer Kinder beraubt wurden, bzw. der Kinder, die als Adoptivkinder aufwuchsen und heute nach ihren Wurzeln suchen. Gewissermaßen als komplementäre Ergänzung sollen Sie die „cuentos" einbeziehen und die Analyse der Rolle der Frau um einige Facetten erweitern. Die Aufgabenstellung lässt Ihnen dabei die Wahl, ob Sie sich auf ein „cuento" oder auf mehrere „cuentos" stützen. Ihre Darstellung sollte dabei v. a. sachgerecht, logisch strukturiert und kohärent sein.*

Las mujeres españolas vivieron la Guerra Civil, el franquismo y las décadas siguientes de modo diferente. Las mujeres de las que habla el artículo son en su mayoría madres a las que les robaron sus hijos recién nacidos. Son víctimas por diferentes razones, dependiendo de la fase en la que ocurrió el crimen de las adopciones forzadas. Por un lado, están las adversarias políticas: las maquis, las rojas o cónyuges de republicanos. Hasta 1950 les sustrajeron a sus hijos para reprimirlas. Por otro lado, posteriormente, están las mujeres desfavorecidas: las madres sin pareja, las jóvenes o las madres con poco dinero, que eran «incapaces de protestar» (l. 38). Todas aquellas mujeres tienen el papel de víctimas, aunque en los últimos años, empiezan a buscar la verdad y quieren saber si sus hijos de hecho murieron o no.
Sin embargo, el tráfico de bebés funcionó según las leyes del mercado, es decir, que había una demanda de niños en adopción y por eso se crearon tramas que ofrecieron la «mercancía demandada». Así es, que también había mujeres que tienen el papel de culpables: en primer lugar, las monjas que apoyaron el sistema; en segundo lugar, las madres adoptivas que pertenecen a familias cercanas al Régimen. No podían tener hijos y, en este sentido, quizás se puedan entender mejor sus razones de adoptar a un niño, aunque ilegalmente. Por lo tanto, su papel es ambiguo: son culpables, pero también víctimas del sistema que santificaba la maternidad y la familia. *(247 palabras)*

Comparación con «La lengua de las mariposas»:

En clase hemos analizado el papel de la mujer española en el siglo 20. También lo vemos reflejado en la literatura, como por ejemplo en el cuento de "La lengua de las mariposas" por Manuel Rivas. La madre de Moncho es una católica practicante que suele ir diariamente a misa y cree en lo que dice el cura. Es una personificación viva del papel tradicional de la mujer: es obediente, pasiva y la típica ama de casa que cocina, plancha la ropa y que es responsable de la educación de los hijos. Su familia es su mundo. Pero también tiene un carácter ambivalente: En primer lugar porque está casada con un republicano, hecho que conlleva a discusiones en el matrimonio. En una de esas discusiones, la madre aparece como mujer consciente de sí misma, que insiste en sus convicciones religiosas y políticas. Pero al mismo tiempo, aparece también como mujer miedosa, prudente y cuidadosa.

En segundo lugar, tenemos que mencionar que se transforma en una persona activa y responsable de la supervivencia de sus queridos. Cuando su marido queda paralizado con el estallido de la Guerra Civil, su esposa le empuja a quemar los papeles que le puedan comprometer como republicano. Aunque católica, acude a la mentira para salvar a los suyos: Le está inculcando a su hijo que niegue la verdad y diga que su padre no le ha regalado un traje al maestro, rechazando así la sospecha de que su familia es "roja". Al final del cuento, cuando aparecen los detenidos, ella está coaccionando tanto a su marido como a su hijo para que le griten palabrotas al maestro.

Resumiendo, se puede decir que el papel de la mujer como lo vemos reflejado en la figura de la madre en "La lengua de las mariposas", es —por lo menos— ambiguo. La figura corresponde al papel conservador de la mujer, representativo de los valores de la Iglesia y de los partidos políticos de la ultra-derecha. Simultáneamente, al estallar la Guerra Civil, desempeña el papel activo de la mujer en el combate, pero más bien guiada por su instinto materno, dispuesta a defender a los suyos como una leona. Es evidente que estaría dispuesta a sacrificarse por los suyos.

Comparando a la madre de Moncho en la obra literaria de Manuel Rivas con el texto informativo de „Hijo busca madre; madre busca hijo", podríamos suponer que la madre de Moncho hubiera reaccionado con rabia, como una furia, y no hubiera aceptado si los médicos le hubieran dicho que su bebé recién nacido había muerto, sino que —al contrario— hubiera insistido en ver el cadáver. *(434 palabras)*

Comparación con «El hermoso amanecer»

- la madre de Remo: mujer soldado, republicana, miliciana, actúa como un hombre, viril
- papel activo de la mujer en el combate, emancipada, lucha por sus ideales
- pone sus convicciones políticas por encima de la vida de su propio hijo
- dispuesta a matar/sacrificar a su hijo, creyendo que es mejor morir que caer en las manos de los enemigos
- muere como heroína: fusilada (ejecución), cae en la batalla

Comparación con «El desertor»

- la mujer como esposa de un soldado, solitaria, en el campo, con su suegra y su hermana
- papel tradicional: espera a su marido (recién casados), fiel, con paciencia, sin quejarse
- es víctima de la guerra porque sufre la ausencia de su amado, contacto por cartas
- mantiene la rutina diaria, la vida sigue como si nada hubiera pasado, en tiempos de paz
- asume también las faenas de los hombres (trabajo duro), actúa como un hombre, masculina
- desconoce los motivos de la guerra, se deja manipular por el cura/la Iglesia
- es muy sentimental, por añoranza se crea un mundo imaginario/fantástico/ideal
- evasión en los sueños de las noches de amor con su marido
- no puede ser madre, muere la suegra, al final se queda viuda joven

Comparación con «Terciopelo robado»

- familia sin marido/padre, madre con dos hijas, en el campo (¿madre soltera?)
- Ofelia, la mayor, tiene que emigrar para ganarse la vida, para salvar a la familia, por la pobreza en la España rural, franquista
- aunque enamorada, tiene que irse al extranjero como otras mujeres jóvenes de su tierra
- contacto por cartas con su novio Andrés, con su madre, telegrama (muerte de su hermana, tiene que volver porque se necesita su mano de obra, deuda/obligación moral como hija)
- es víctima de las circunstancias que no le dejan la libertad de elegir su destino
- su sueño (título = alusión a una canción, símbolo del terciopelo), su amor se rompe
- tiene que sufrir la vida como emigrante: la soledad, la frialdad, el acoso sexual de su jefe
- desarraigo total, expulsada a la emigración como al exilio, la vida entre dos mundos
- soltera, al regresar ve a Andrés con otra mujer, bebé recién nacido → amargura

Teil II.2: Redacción

a) ***Hinweis:*** *Der Aufgabenstellung vorangestellt ist ein kurzer Einleitungstext, der über Projekte berichtet, die in zahlreichen lateinamerikanischen Ländern durchgeführt werden. Wie auch der Bildimpuls illustriert, erhalten Grundschüler im Zuge dieser Projekte Laptops als Geschenk.*
Die Schreibaufgabe ist zweigeteilt. Der Operator der Aufgabenstellung ist „comentar“, doch beinhaltet die Aufgabe auch eine Bildbeschreibung und -interpretation. Achten Sie darüber hinaus darauf, dass ein ausgewogener Kommentar zu den möglichen Konsequenzen von „TIC“ („tecnologías de la información y la comunicación“) bzw. „nuevos medios“ eine argumentative Struktur aufweisen sollte.

Voy a empezar con la descripción e interpretación de la foto, para después comentar las campañas de educación y evaluar los cambios por el uso de los nuevos medios para los niños y su entorno.

La foto fue publicada en Internet, en un blog con el título "blogbibliodigete" del año 2007. En primer plano se pueden ver tres chicos, sentados afuera en el suelo. Tienen unos 8 ó 10 años, el pelo negro y la piel morena. Probablemente son indígenas. Todos llevan computadoras portátiles sobre sus piernas. Están mirando con toda su atención las pantallas. Están casi absortos por los nuevos medios. Sonríen y sus caras denotan alegría. En segundo plano, se pueden ver montañas altas con poca vegetación; sólo hay algunas plantas, árboles pequeños y unas terrazas con campos cultivados. Más al fondo hay tierra seca y montañas áridas, sin vegetación alguna, casi como un desierto.

La foto se puede interpretar como la ilustración de campañas de educación en el campo en países latinoamericanos que quieren regalar ordenadores portátiles a todos los niños de escuelas primarias públicas. Los alumnos viven en una zona rural, donde no se puede ver el edificio de una escuela, de ahí que se puede suponer que en la región el acceso a la educación es difícil.

A primera vista, los posibles cambios surgidos con los nuevos medios parecen positivos: Mediante las TIC, todos pueden participar social y políticamente en el mundo global. Parece muy democrático, dando acceso libre a más información y comunicación a través de redes sociales, independiente de cualquier lugar del mundo. Vía Internet, también pueden aprovechar los inventos y logros de la sociedad moderna.

Pero, al mismo tiempo, también pueden resultar posibles riesgos: Los niños y jóvenes pueden perder el contacto con su entorno y la naturaleza, su cultura y el valor de sus tradiciones. Además es posible que pierdan su lengua materna, su identidad y el contacto con sus familias. La imagen de la presunta vida moderna también puede provocar un complejo de inferioridad en los jóvenes indígenas. En vez de incitar a la educación, las TIC pueden profundizar el abismo entre las diferentes capas sociales. Los nuevos medios pueden crear una dependencia: la adicción al Internet. Los jóvenes ya no pueden diferenciar entre la realidad y el mundo virtual del Internet. El trato anónimo puede provocar la pérdida de respeto, lo que puede llevar aún al acoso vía Internet.

En conclusión, se puede decir que las campañas de educación en países latinoamericanos tienen que dar un paso más hacia la formación del profesorado, de los padres y adultos para concienciar a los niños y jóvenes. No se pueden limitar a regalar computadoras portátiles, que ya es mucho, pero que también podría ser interpretado como un acto arrogante. En el sentido de un desarrollo sostenible, hay que crear la competencia para el uso responsable de las TIC. *(477 palabras)*

b) ***Hinweis:*** *Im Sommer 2014 beschloss die Stadtverwaltung von Palma de Mallorca Maßnahmen, die das unangemessene Verhalten vor allem von vergnügungssüchtigen Touristen reglementieren sollen, wobei hier eine Parallele zu den Diskussionen zum „botellón" zu erkennen ist.*

Die Aufgabenstellung verlangt einen Kommentar aus Sicht eines Mallorquiners für eine lokale Zeitung, d. h. textsortenspezifische Merkmale eines Zeitungskommentars werden erwartet. Ein ausgewogener Kommentar weist außerdem eine argumentative Struktur auf (argumentos a favor y en contra).

Nuevas reglas del Ayuntamiento de Palma de Mallorca, ¿para qué y para quién? Por Jordi García Álvarez

En 2014, el Ayuntamiento de Palma de Mallorca aprobó varias reglas que, por ejemplo, prohíben consumir alcohol en público o circular por la ciudad en bikini. Estoy totalmente de acuerdo con esas medidas que requieren el comportamiento adecuado de los turistas que pasan sus vacaciones en las Baleares.

Obviamente, hay muchos argumentos para apoyar las medidas tomadas por el Ayuntamiento: Los excesos por el abuso del alcohol llevan a molestias en muchos ámbitos, como ruido, basura, suciedad debido a los excrementos de los borrachos que buscan diversión sin límites. La ciudad de Palma de Mallorca, como también otros lugares y municipios turísticos, tienen que gastar mucho dinero para limpiar las plazas públicas. No se puede tolerar este tipo de comportamiento inadecuado que muestra también una falta total de respeto hacia nuestras costumbres y tradiciones. Cierto que nosotros los mallorquines también sabemos festejar y beber alcohol, pero siempre dentro de los límites de la decencia. Pero, esos turistas mal educados, a veces, sólo quieren provocar escándalos. ¿Cómo impedir la llegada de este tipo de turistas y atraer otros? En este sentido, las medidas del Ayuntamiento son insuficientes porque uno tiene que proceder de otra manera.

Hay mucha gente que teme que las reglas del Ayuntamiento puedan disminuir el número de turistas, y por eso, puedan poner en peligro muchos puestos de trabajo relacionados con el turismo. Lo cierto es que necesitamos el turismo porque es una fuente de ingresos muy importante a la que no podemos renunciar en estos tiempos de crisis financiera. Sin embargo, no tendríamos que promover ofertas baratas de sol y playa, sino fomentar un turismo sostenible y de mayor calidad. Para proceder de esta manera, no sólo el Ayuntamiento de Palma de Mallorca, la ciudad más afectada por los problemas arriba mencionados, sino que toda la industria del turismo en general, como las agencias de viajes, los operadores turísticos y las líneas aéreas, tienen que cambiar su modo de pensar y reorientarse. Las Baleares, y Mallorca en particular, ofrecen una naturaleza impresionante y son de una hermosura fascinante. Es un lugar casi predestinado para el agroturismo y deporte (ciclismo, senderismo, alpinismo, deporte náutico). Para familias con hijos pequeños hay playas llanas con mar poco profundo, como parques de atracciones, o también el tren de Sóller. Además, puede ser un lugar pacífico, un sitio ideal para hacer yoga, meditación y ayurveda u otro tipo de terapia de salud, belleza y bienestar. También puede ser interesante viajar siguiendo las huellas de personas famosas de la vida cultural que en su época también se dejaron impresionar por Mallorca, como por ejemplo, Chopin y George Sand…

Es un reto para el futuro, pero yo creo que valdría la pena. *(465 palabras)*

Notizen